Léon Bloy

Exégèse des Lieux Communs

essai

ISBN : 978-1519331380

10 9 8 7 6 5 4 3 2 1

Léon Bloy

Exégèse des Lieux Communs

essai

Table de Matières

Ils ne mouraient pas tous, mais tous étaient frappés.

Les Animaux malades de la peste.

Dédicace

À RENÉ MARTINEAU

Rappelez-vous, cher ami, notre petite chapelle de Sainte-Anne et de Saint-René, si humble et si pauvre, là-bas, près de l'Océan. En souvenir de cette chapelle et de l'hospitalité de Ker Saint-Roch, je vous prie d'accepter la dédicace de ce livre, plus grave et plus douloureux qu'il n'en a l'air, où j'ai montré, comme il m'a plu, *le mal dont on meurt.*

Votre nom affronté au mien, dès cette première page, vous condamne à partager mes disgrâces. Ami de l'écrivain mal famé que vous osâtes nommer un vivant, *comment échapperiez-vous à votre destin ?*

Notre rencontre fut un miracle appelé par la Douleur et on ne manquera pas de vous dire que la persistance de notre amitié en est un autre. Le plus étonnant prodige n'est-il pas qu'un homme se soit évadé avec enthousiasme des Lieux Communs où l'on dîne pour venir héroïquement ronger avec moi des crânes d'imbéciles dans la solitude ?

Lagny, 31 décembre 1901.

LÉON BLOY.

Préface

Je commence aujourd'hui, 30 septembre, sous l'invocation de saint Jérôme, auteur de la Vulgate, appariteur de tous les Prophètes, inventoriateur plein de gloire des Lieux Communs éternels.

Est-ce là manquer de respect à cet étonnant docteur que l'Église honore du titre de *Maximus*, et que le Concile de Trente a implicitement déclaré le Notaire de l'Esprit-Saint ? Je ne le crois pas.

De quoi s'agit-il, en effet, sinon d'arracher la langue aux imbéciles, aux redoutables et définitifs idiots de ce siècle, comme saint Jérôme réduisit au silence les Pélagiens ou Lucifériens de son temps ?

Obtenir enfin le mutisme du Bourgeois, quel rêve !

L'entreprise, je le sais bien, doit paraître fort insensée. Cependant je ne désespère pas de la démontrer d'une exécution facile et même agréable.

Le vrai Bourgeois, c'est-à-dire, dans un sens moderne et aussi général que possible, l'homme qui ne fait aucun usage de la faculté de penser et qui vit ou paraît vivre sans avoir été sollicité, un seul jour, par le besoin de comprendre quoi que ce soit, l'authentique et indiscutable Bourgeois est nécessairement borné dans son langage à un très-petit nombre de formules.

Le répertoire des locutions patrimoniales qui lui suffisent est extrêmement exigu et ne va guère au delà de quelques centaines. Ah ! si on était assez béni pour lui ravir cet humble trésor, un paradisiaque silence tomberait aussitôt sur notre globe consolé !

Quand un employé d'administration ou un fabricant de tissus fait observer, par exemple : « qu'on ne se refait pas ; qu'on ne peut pas tout avoir ; que les affaires sont les affaires ; que la médecine est un sacerdoce ; que Paris ne s'est pas bâti en un jour ; que les enfants ne demandent pas à venir au monde ; etc., etc., etc., » qu'arriverait-il si on lui prouvait instantanément que l'un ou l'autre de ces clichés centenaires correspond à quelque Réalité divine, a le pouvoir de faire osciller les mondes et de déchaîner des catastrophes sans merci ?

Quelle ne serait pas la terreur du patron de brasserie ou du quincaillier, de quelles affres le pharmacien et le conducteur des ponts et chaussées ne deviendraient-ils pas la proie, si, tout à coup, il leur était évident qu'ils expriment, sans le savoir, des choses absolument excessives ; que telle parole qu'ils viennent de proférer, après des centaines de millions d'autres acéphales, est réellement dérobée à la Toute-Puissance créatrice et que, si une certaine heure était arrivée, cette parole pourrait très-bien faire jaillir un monde ?

Il semble, d'ailleurs, qu'un instinct profond les en avertisse. Qui n'a remarqué la prudence cauteleuse, la discrétion solennelle, le *morituri sumus* de ces braves gens, lorsqu'ils énoncent les sentences moisies qui leur furent léguées par les siècles et qu'ils transmettront à leurs enfants ?

Quand la sage-femme prononce que « l'argent ne fait pas le bonheur » et que le marchand de tripes lui répond avec astuce que, « néanmoins, il y contribue », ces deux augures ont le pressentiment infaillible d'échanger ainsi des *secrets* précieux, de se dévoiler l'un à l'autre des arcanes de vie éternelle, et leurs attitudes correspondent à l'importance inexprimable de ce négoce.

Il est trop facile de dire ce que paraît être un lieu commun. Mais ce qu'il est, en réalité, qui pourra le dire ?

Pourquoi, autrement, me serais-je recommandé à saint Jérôme ? Ce grand personnage ne fut pas seulement le consignataire pour toujours de la Parole qui ne change pas, des Lieux Communs pleins de foudres de la Très-Sainte Trinité. Il en fut surtout l'interprète, le commentateur inspiré.

Avec une autorité beaucoup plus qu'humaine, il enseigna que Dieu a toujours parlé de *Lui-même* exclusivement, sous les formes symboliques, paraboliques ou similitudinaires de la Révélation par l'Écriture, et qu'il a toujours dit *la même chose* de mille manières.

J'espère que ce Docteur sublime daignera favoriser de son assistance un pamphlétaire de bonne volonté qui serait si heureux de mécontenter, une fois de plus, la populace de Ninive, éternellement « incapable de distinguer sa droite de sa gauche », — et de la mécontenter à un tel point que des colères inconnues se déchaînassent.

Ce résultat serait obtenu, sans doute, si la céleste douceur ne m'était pas refusée d'établir, en l'irréfutable argumentation d'une dialectique de bronze, que les plus inanes bourgeois sont, à leur insu, d'effrayants prophètes, qu'ils ne peuvent pas ouvrir la bouche sans secouer les étoiles, et que les abîmes de la Lumière sont immédiatement invoqués par les gouffres de leur Sottise.

I. Dieu n'en demande pas tant !

Quelle épigraphe pour un commentaire du Code civil ! Plaisanterie trop facile et qu'il faut laisser charitablement à MM. les journalistes ou clercs d'huissiers. Le cas est grave.

N'est-ce pas une occasion de stupeur de songer que cette chose est dite, plusieurs millions de fois par jour, à la face conspuée d'un Dieu qui « demande » surtout à être *mangé* ! Le marchandage perpétuel impliqué par ce Lieu Commun a ceci de troublant qu'il rend manifeste le manque d'appétit d'un monde affligé cependant par les famines et réduit à se nourrir de son ordure.

Il serait puéril de faire observer qu'en cette formule, bien plus mystérieuse qu'on ne croirait, tout porte sur le mot *tant*, dont l'abstraite valeur est toujours à la merci d'un étalon facultatif qui n'est jamais divulgué. Cela dépend naturellement de l'étage des âmes.

Mais, comme la pente de toute négation est vers le néant, il n'est pas téméraire de conclure que l'imprécise *demande* de Dieu équivaut à rien, et que ce Dieu n'ayant plus rien à demander, en fin de compte, à des adorateurs qui peuvent indéfiniment rétrécir leur zèle, il n'a que faire désormais de son Être ou de sa Substance et doit nécessairement s'évanouir. Il importe, en effet, aussi peu que possible, qu'on ait telle ou telle notion de Dieu. Lui-même *n'en demande pas tant*, et voilà le point essentiel.

Quand j'exhorte ma blanchisseuse, Mme Alaric, à ne pas prostituer sa dernière fille comme elle a prostitué les quatre aînées ou que, timidement, je propose à mon propriétaire, M. Dubaiser, l'exemple de quelques Saints qui ne crurent pas indispensable à l'équilibre social de condamner à mort les petits enfants, et que ces dignes personnes me répondent : — Nous sommes aussi religieux que vous, mais Dieu n'en demande pas tant…, je dois reconnaître qu'elles sont fort aimables de ne pas ajouter : *au contraire !* bien que ce soit évidemment, nécessairement, le fond de leur pensée.

Elles ont raison, sans doute, car la logique des Lieux Communs ne pardonne pas. Si Dieu n'en demande pas tant, il est forcé, par une conséquence invincible, d'en demander de moins en moins, je le répète, et finalement de *tout refuser*. Que dis-je ? En supposant qu'il lui reste alors un peu d'existence, il se trouvera bientôt dans la plus pressante nécessité de vouloir enfin qu'on vive comme des cochons et de lancer le reliquat de son tonnerre sur les purs et sur les martyrs.

Les bourgeois, d'ailleurs, sont trop adorables pour n'être pas devenus eux-mêmes des Dieux. C'est à eux qu'il convient de demander, à eux seuls. Tous les impératifs leur appartiennent et on peut être certain que le jour où ils demanderont *trop* sera précisément le jour même où ils commenceront à s'apercevoir qu'ils ne demandent pas tout à fait assez…

— Moi, je demande vos peaux, sales canailles ! leur dira Quelqu'un.

II. Rien n'est absolu.

Corollaire du précédent. La plupart des hommes de ma génération ont entendu cela toute leur enfance. Chaque fois qu'ivres de dégoût nous cherchâmes un tremplin pour nous évader en bondissant et en vomissant, le Bourgeois nous apparut, armé de ce foudre.

Nécessairement, alors, il nous fallait réintégrer le profitable *Relatif* et la sage Ordure.

Presque tous, il est vrai, s'y acclimatèrent, par bonheur, devenant, à leur tour, des Olympiens.

Savent-ils, pourtant, ces buveurs d'un sale nectar, qu'il n'y a rien de si audacieux que de contremander l'Irrévocable, et que cela implique l'obligation d'être soi-même quelque chose comme le Créateur d'une nouvelle terre et de nouveaux cieux ?

Évidemment, si on donne sa parole d'honneur que « rien n'est absolu », l'arithmétique, du même coup, devient exorable et l'incertitude plane sur les axiomes les plus incontestés de la géométrie rectiligne. Aussitôt, c'est une question de savoir s'il est meilleur d'égorger ou de ne pas égorger son père, de posséder vingt-cinq centimes ou soixante-quatorze millions, de recevoir des coups de pied dans le derrière ou de fonder une dynastie.

Enfin, toutes les identités succombent. Il n'est pas « absolu » que cet horloger qui est né en 1859, pour l'orgueil de sa famille, n'ait aujourd'hui que quarante-trois ans et qu'il ne soit pas le grand-père de ce doyen de nos emballeurs qui fut enfanté pendant les Cent Jours, — de même qu'il serait téméraire de soutenir qu'une punaise est exclusivement une punaise et ne doit pas prétendre aux panonceaux.

En de telles circonstances, on en conviendra, le devoir de créer le monde s'impose.

III. Le Mieux est l'ennemi du Bien.

Ici, je l'avoue, mon titre m'accable et je suis furieusement tenté de descendre de ma chaire. *Exégèse* signifie, hélas ! *explication*, et voici un monstre de Lieu Commun qui vient au-devant de moi sur la route de Thèbes. Jamais, sans doute, une énigme plus difficile ne fut proposée à un Œdipe.

Voyons cependant.

Si le Mieux est l'ennemi du Bien, il faut nécessairement que le Bien soit l'ennemi du Mieux, car les abstraits philosophiques ne connaissent pas plus le pardon que l'humilité. Un homme peut répondre à la haine par l'amour, une idée jamais, et plus cette idée est excellente, plus elle récalcitre.

On affirme donc, implicitement, que le Bien a horreur du Mieux et qu'une haine farouche les divise. C'est à qui mangera l'autre, *éternellement*. Mais alors, qui est le Bien et qui est le Mieux et quelle fut l'origine de leur conflit ? Que nous veut ce manichéisme grammatical ?

Est-il *bien*, par exemple, d'être un sot et *mieux* d'avoir du génie ? Quand on dit que Dieu a tout fait pour le Mieux, dois-je entendre qu'il n'a rien fait pour le Bien ? Dans quelle caverne métaphysique ce comparatif et ce positif se sont-ils déclaré la guerre ? C'est à en devenir fou.

Je prends ma tête à deux mains et je me donne à moi-même des noms très-doux : — Voyons ! encore une fois, mon cher ami, mon trésor, mon petit lapin bleu ! un peu de calme, nous retrouverons peut-être le fil. Nous avons dit ou entendu dire que le Mieux est l'ennemi du Bien, n'est-ce pas ? Or, qu'est-ce que l'ennemi du Bien, sinon le Mal ? Donc le Mieux et le Mal sont identiques. Voilà déjà un peu de lumière, semble-t-il...

Oui, mais si le Mieux est vraiment le Mal nous allons être forcés de reconnaître que le Bien, à son tour, est aussi le Mal, d'une façon très-incontestable, puisque tous les hommes avouent qu'il est lui-même *mieux* que le Mal qui est le Mieux et que, par conséquent, il est mieux que le Mieux qui serait alors le Pire !!!???

Zut ! Ariane me lâche et j'entends mugir le Minotaure.

IV. L'hôpital n'est pas fait pour les chiens.

Celui-là, — ai-je besoin de le dire ? — est une antiphrase. Le toujours suave et rafraîchissant Bourgeois utilise volontiers cette forme grecque de la glose confabulatoire. Nous aurons plus d'une fois l'occasion de le remarquer.

Il faut donc lire fermement : *L'hôpital est fait pour les chiens*. En ce sens, qui est le vrai, le Bourgeois parle comme un Dieu. De simples hommes ne pourraient pas si bien dire.

J'ouvre la *Sylva allegoriarum* du Frère Hieronymus Lauretus, savant in-folio, imprimé à Lyon, en 1622, aux frais de Barthélémy Vincent, sous le signe de la Victoire, et je trouve ceci au mot *Canis* : « Le chien est un animal au service de l'homme pour le réjouir de sa compagnie et de ses caresses. Il aboie contre les étrangers. Il est immonde, plein de rage et d'une extrême lubricité. Il est le gardien du troupeau et le chasseur des loups. Il est vorace et carnivore et retourne à son vomissement. »

La science moderne, à qui le genre humain est redevable de tant de découvertes utiles, présume en outre que le chien est quadrupède et que la voix articulée lui manque. Mais il n'y a pas lieu de s'arrêter à ces hypothèses. D'ailleurs, il y a chien et chien, c'est bien connu.

Le chien pour qui l'hôpital est fait, c'est le carnivore, l'immonde carnivore, devenu vieux ou infirme, dont la compagnie a cessé de plaire, incapable désormais d'aucune sorte de fureur, qui n'a plus la force d'aboyer, que le troupeau, à son tour, est obligé de *garder* et que menace la dent des loups.

À quel autre, je le demande, seraient ouverts ces admirables asiles où on crève, avec tant de consolation, dans les bras de l'Assistance publique ? Le vrai, le seul, l'authentique chien, c'est celui, — quel que soit le nombre de ses pattes ou la force de son coup de gueule, — qui ne peut plus être *profitable*. C'est pour celui-là, exclusivement, que fonctionne l'Administration aux mamelles crochues qui s'allaite elle-même du sang des agonisants. Le juste Bourgeois l'a voulu ainsi.

N'est-il pas le Maître ? N'est-il pas le Dieu des vivants et le Dieu des morts ? Depuis que le Code Napoléon l'a promu au remplacement de Jéhovah, nul ne le juge et il fait exactement ce qui lui plaît. Or, il lui plaît d'être, comme cela, le Bon Dieu des chiens.

V. Pauvreté n'est pas vice.

V. Pauvreté n'est pas vice.

Autre antiphrase. Voudriez-vous m'apprendre, ô mon aimable propriétaire, ce qui peut être *vice* ou crime, si la pauvreté ne l'est pas ?

Je crois l'avoir beaucoup dit ailleurs, la pauvreté est l'unique vice, le seul péché, l'exclusive noirceur, l'irrémissible et très singulière prévarication. C'est bien ainsi que vous l'entendez, n'est-ce pas, précieuses Crapules qui jugez le monde ?

Qu'on le proclame donc une bonne fois, la pauvreté est si infâme que c'est le dernier excès du cynisme ou le cri suprême d'une conscience au désespoir d'en faire l'aveu, et qu'il n'y a pas de châtiment qui l'expie.

Le *devoir* de l'homme est tellement d'être riche que la présence d'un seul pauvre clame vers le ciel, comme l'abomination de Sodome, et dépouille Dieu lui-même, le forçant à s'incarner et à se promener scandaleusement sur la terre, vêtu seulement de la guenille de ses Prophéties.

L'indigence est une impiété, un blasphème atroce dont il n'est pas possible d'exprimer l'horreur et qui fait reculer du même coup les étoiles et le dictionnaire.

Ah ! que l'Évangile est mal compris ! Quand on lit qu' « il est plus facile à un chameau de passer par le trou d'une aiguille qu'à un riche d'entrer dans le royaume des cieux », faut-il être aveugle pour ne pas voir que cette parole n'exclut, en réalité, que le chameau, puisque tous les riches, sans exception, sont certainement assis sur des chaises d'or dans le Paradis et que, par conséquent, il leur est tout à fait impossible, en effet, d'entrer dans un endroit où ils sont installés déjà, depuis toujours ! C'est affaire aux chameaux d'enfiler des aiguilles devant la porte et de se débrouiller comme ils pourront. Il n'y a pas lieu de s'en préoccuper autrement.

Ce Lieu Commun atteste, plus qu'un autre, la pudeur sublime du Bourgeois. C'est un voile qu'il jette bonnement, avec le divin sourire des garçons d'amphithéâtre, sur le chancre le plus horrible de l'humanité.

VI. On n'est pas parfait.

Esculape Nuptial, s'étant assuré que le vieillard avait reçu un nombre suffisant de coups de couteau et qu'il avait certainement exhalé ce qu'on est convenu d'appeler le dernier soupir, songea tout d'abord à se procurer quelque divertissement.

Cet homme judicieux estima que la corde ne saurait être toujours tendue, qu'il est sage de respirer quelquefois et que toute peine vaut son salaire.

Il avait eu la chance de mettre la main sur la forte somme. Heureux de vivre et la conscience délicatement parfumée, il allait çà et là, sous les marronniers, ou les platanes, respirant avec délices l'odorante haleine du soir.

C'était le printemps, non l'équivoque et rhumatismal printemps de l'équinoxe, mais le capiteux renouveau du commencement de juin, lorsque les Gémeaux enlacés reculent devant l'Écrevisse.

Esculape, inondé d'impressions suaves et les yeux mouillés de pleurs, se sentit apôtre.

Il désira le bonheur du genre humain, la fraternité des bêtes féroces, la tutelle des opprimés, la consolation de ceux qui souffrent.

Son cœur, plein de pardons, s'inclina vers les indigents. Il répandit dans des mains tendues l'abondante monnaie de cuivre dont ses poches étaient encombrées.

Il entra même dans une église et prit part à la prière en commun que récitait un troupeau fidèle. Il adora Dieu, lui disant qu'il aimait son prochain comme lui-même. Il rendit grâces pour les biens qu'il avait reçus, se reconnaissant tiré du néant.

Il demanda que fussent dissipées les ténèbres qui lui cachaient la laideur et la malice du péché, fit un scrupuleux examen de conscience, découvrit en lui des imperfections tenaces, de persistantes broutilles : mouvements de vanité, impatiences, distractions, omissions, jugements téméraires et peu charitables, etc., mais surtout la paresse et la négligence dans l'accomplissement des *devoirs de son état.*

Il termina par un bon propos d'être moins fragile désormais, implora le secours du ciel pour les agonisants et les voyageurs, de-

manda, comme il convient, d'être protégé pendant la nuit, et, pénétré de ces sentiments, courut au plus prochain lupanar.

Car il tenait pour les joies honnêtes. Ce n'était pas un de ces
hommes qui se laissent aller facilement aux dissipations frivoles. Il
penchait plutôt du côté de la rigueur et ne se défendait qu'à peine
d'une gravité ridicule.

Il tuait pour vivre, — comme la plupart des honnêtes gens, —
parce qu'il n'y a pas de sot métier. Il aurait pu, à l'exemple de tant
d'autres, s'enorgueillir des dangers d'une si chatouilleuse profession. Mais il préférait le silence. Pareilles au convolvulus, les fleurs
de son âme ne s'épanouissaient que dans la pénombre.

Il tuait à domicile, poliment, discrètement et le plus proprement
du monde. C'était, on peut le dire, de la besogne joliment exécutée.

Il ne promettait pas ce qu'il était incapable de tenir. Il ne promettait même rien du tout. Mais ses clients ne se plaignirent jamais.

Quant aux langues venimeuses, il n'en avait cure. *Bien faire et
laisser dire*, telle était sa devise. Le suffrage de sa conscience lui
suffisait.

Homme d'intérieur avant tout, on ne le rencontrait que très rarement dans les cafés, et les malveillants eux-mêmes étaient forcés
de lui rendre cette justice qu'en dehors du bordel, il ne voyait à peu
près personne.

Dans cette demeure hospitalière, il avait fixé sa dilection sur une
jeune fille légèrement vêtue qui faisait prospérer l'établissement et
que sa précocité de virtuose désignait à l'enthousiasme. À peine au
sortir de l'enfance, de nombreux salons l'avaient admirée déjà.

L'heureux Esculape avait eu l'art de s'en faire aimer, et le temps paraissait « suspendre son vol », quand ces deux êtres étaient penchés
l'un vers l'autre, sur le lac mystique.

La ravissante Loulou ne voulait plus rien savoir aussitôt qu'apparaissait son petit Cucu, et, souvent, celui-ci fut contraint de la
ramener, d'une main ferme, au sentiment professionnel de son art,
quand les vieux messieurs s'impatientaient. Elle lui donnait, en retour, des indications précieuses…

Enfin, ils plaçaient avec discernement d'assez jolies sommes.
Loulou n'usait presque rien, l'air et la lumière suffisant à sa toilette

quotidienne qui était toujours très simple et d'un goût parfait.

Déjà même, ils entrevoyaient la récompense, l'heureux avenir qui les attendait à la campagne, dans quelque chaumière enfouie sous les lilas et les roses, qu'ils achèteraient un jour, et la vieillesse paisible dont la Providence rémunère ceux qui ont bravement combattu.

Oui, sans doute, mais, hélas ! qui pourra dire combien sont vaines les pensées des hommes ?

Ce qui va suivre est excessivement douloureux.

Cette nuit-là, Esculape ne parut pas. La maison en souffrit plus qu'on ne peut dire. La pauvre Loulou, d'abord fébrile, puis agitée, et enfin hagarde, cessa de plaire.

Un notaire belge, qui avait apporté les fonds de ses clients, reçut une retentissante paire de claques dont les passants s'étonnèrent.

Le scandale fut énorme et le décri parut imminent. Mais elle ne voulait « entendre à rien ni à personne ». Son inquiétude montant au délire, elle poussa le mépris des lois jusqu'à ouvrir une fenêtre demeurée close, depuis le dernier 14 juillet, et appela son Cucu d'une voix terrible, dans le grand silence nocturne.

Quelques pasteurs protestants prirent le large, non sans avoir exprimé leur indignation, et, dès le lendemain, les journaux graves pronostiquèrent tristement la fin du monde.

Dois-je le déclarer ? Esculape faisait la noce, Esculape avait rencontré un serpent.

Comme il rentrait sagement au bercail d'amour, il fut accosté par un camarade d'enfance qu'il n'avait pas vu depuis dix ans et qui parvint à le débaucher, pour la première fois de sa vie.

J'ignore les sophismes que déploya cet ami funeste pour le détourner de l'étroite voie qui mène au ciel, mais ils se soûlèrent à ce point que, vers l'aurore, l'amant désorbité de la gémissante Loulou prit une voiture pour aller chercher un *Combat spirituel* qu'il se souvenait d'avoir oublié, la veille, chez son macchabée, et qu'il jugeait tout à fait indispensable à son progrès intérieur.

Le fidèle compagnon de sa nuit le conduisit, comme par la main, jusque dans la chambre du mort, où le commissaire de police l'attendait obligeamment.

VI. On n'est pas parfait.

Et voilà comment une seule défaillance brisa deux carrières.

On n'est pas parfait.[1]

VII. Les malhonnêtes gens redoutent la lumière.

Et les honnêtes gens, donc ! Quelqu'un pense-t-il que la lumière les rassure ? Ah ! si elle était encore à créer, je ne sais pas ce que feraient les coquins, mais je sais bien ce que ne feraient pas les honnêtes gens.

On ne voit pas déjà très clair sur notre planète où les plus clair-voyants vont à tâtons. Il paraît cependant que c'est encore trop, puisque tout le monde se cache. Qu'arriverait-il si la Science, tant admirée par Zola et si digne de l'admiration d'un tel cerveau, ve-nait à lancer un *rayon* neuf qui éclairât les antres des cœurs ?

N'est-il pas évident que toute affaire, à l'instant, deviendrait im-praticable, impossible ? Plus de commerce, plus d'industrie, plus d'alliances politiques, plus de médecine, plus de pharmacie, plus de cuisine, plus de procès, plus de mariages, ni d'enterrements, ni de testaments, ni de « bonnes œuvres » d'aucune sorte. Enfin plus d'amour. *Les honnêtes gens cesseraient de naître...* Il ne resterait pour vaquer au grouillement humain que ceux qui « redoutent la lumière » et qu'on nomme les malhonnêtes gens. Quel désordre étrange !

Il est vrai que ceux-là succomberaient bientôt à leur tour, étant devenus eux-mêmes, par la force des choses, des honnêtes gens pour succéder aux disparus, et les deux espèces qui font la tota-lité du genre disparaîtraient, successivement exterminées par la lumière, — comme ces couleurs fraîches et brillantes que le soleil mange, dit-on, à son déjeuner.

Espérons que ces malheurs n'arriveront pas et que les malhon-nêtes gens aussi bien que les honnêtes, ceux qui « redoutent » la lumière non moins que ceux qui se bornent à la trouver indiscrète,

---

1 Le touchant récit qu'on vient de lire n'est malheureusement pas tout à fait inédit. Il fut inséré dans mes *Histoires désobligeantes*, publiées chez Dentu, en 1894. Mais l'insuccès de ce livre, demeuré presque inconnu, a été si grand qu'à l'exception de quelques furieux qui recueillent jusqu'à mes raclures, on peut être certain que cette page n'a jamais été lue par personne. Pourquoi recommencer, d'ailleurs, une chose qui fut si bien faite et quelle autre paraphrase plus lumineuse aurais-je pu écrire ?

Léon Bloy

continueront à se *repousser* sous le bleu du ciel, à se faire valoir les uns par les autres dans le cadre poétique des huissiers, des gendarmes et des verdures. L'universelle harmonie l'exige.

VIII. Les enfants ne demandent pas à venir au monde.

M. Paul Bourget, eunuque par vocation et l'un des adeptes les plus illustres du Lieu Commun, a pris la peine de recommander celui-là. Je ne ferai pas à mes lecteurs l'outrage de leur rappeler le titre du livre puissant vertébré par cette formule.

Il paraît bien certain, en effet, que les enfants *n'en demandent pas tant.* C'est leur manière de confiner à l'état divin et c'est par là, sans doute, qu'ils peuvent plaire quelquefois à l'âme religieuse du Bourgeois qui adore par-dessus tout qu'on ne lui demande rien.

Je l'avoue, la seule idée d'un enfant qui demanderait à naître a quelque chose de troublant, et je comprends mieux le prophète Jérémie déplorant que sa mère ne fût pas demeurée grosse de lui éternellement, sans pouvoir jamais l'enfanter. Cependant, s'il s'agit de naître Bourgeois... ou Psychologue, l'impatience, à la rigueur, se peut concevoir.

Ce Lieu Commun ne me paraît donc pas recevable en tant qu'axiome et je crains que Paul ne se soit laissé entraîner plus loin qu'il n'aurait fallu sur la piste d'un receveur des contributions ou d'un chef de bureau de l'État civil trop téméraire. Je suis même peu éloigné de croire, avec le fétide Schopenhauer, que tous les enfants, sans exception, *demandent* à naître et que c'est ainsi que se peuvent expliquer les transports déraisonnables de l'amour.

Il va sans dire que je m'interdis absolument d'effleurer, en cette occasion, l'idée religieuse, impliquant des choses telles que la Prescience divine ou la Prédestination, que le perspicace Bourgeois dédaigne. Saint Colomban, dit-on, entendait les cris des petits enfants qui l'appelaient du sein de leurs mères. Mon coiffeur n'a jamais entendu rien de semblable, et tout ce surnaturel est surabondamment démenti par la bicyclette.

Pour m'en tenir à l'hypothétique allégation du cuistre précité, j'estime bienséant de conjecturer que si les enfants, même de bourgeois, ne demandent pas positivement à naître, ils suggèrent du moins à leurs parents l'horreur instinctive d'une virginité ou d'une continence qui s'opposerait à leur entrée dans la vie… Je ne sais si je me fais bien comprendre. En tout cas cela, suffit pour invalider la formule.

Mais lorsqu'un notaire affirme, en s'accompagnant d'une gesticulation bilatérale, que « les enfants ne demandent pas à venir au monde », cela ne peut signifier pratiquement que deux choses : ou qu'il faut renoncer à en faire, ou qu'il faut les tuer avant qu'ils naissent, dans l'intérêt des familles et dans l'intérêt bien compris des hoirs. Jamais, au grand jamais, dussent crouler les cieux, il ne devra être entendu, par exemple, qu'un petit bâtard tombé du ventre d'une gueuse a des droits quelconques à la pitié d'un procréateur qu'il est toujours interdit de rechercher. Et voilà tout, exactement tout.

Essayez de vous dire, après cela, que ce joli monde a été racheté, il y a dix-neuf siècles, par un ENFANT qui avait demandé à naître, depuis toute l'Éternité !

IX. Il faut manger pour vivre.

— Je ne demande pas mieux que de manger, dit un pauvre diable, bien que la vie ne me soit pas douce, mais encore faut-il que j'aie quelque chose à me mettre sous la dent. Tous les chiens mangent et vivent. Ceux qui n'ont pas la chance d'être servis par un maître se nourrissent tout de même d'excellentes ordures qui suffisent à leur vie de chiens. Moi, je ne peux pas. J'ai le malheur d'appartenir à la race humaine et d'être avantagé d'un front sublime qui doit continuellement fixer les astres. Je manque de flair et la charogne me reste sur l'estomac…

J'ai entendu dire qu'autrefois il y avait une Viande pour les pauvres et que les mourants de faim avaient la ressource de manger Dieu pour vivre éternellement. Dans les très vieux temps, on se traînait, en pleurant les larmes du Paradis, d'une chapelle de confesseur à une crypte de martyr et d'un sanctuaire miraculeux à une basilique pleine de gloire, sur des routes encombrées de pèlerins qui mendiaient le Corps du Sauveur. Cet aliment unique *suffisait* à quelques-uns qui étaient des Bienheureux dont la langueur avait le pouvoir de guérir toutes les langueurs et, quelquefois, de ressusciter les morts. Tout cela est loin, terriblement loin…

Aujourd'hui, c'est le Bourgeois qui a remplacé Jésus, et les truies même reculeraient devant son corps !

X. On ne peut pas vivre sans argent.

In-con-tes-ta-ble-ment. Et c'est si vrai que, quand on en manque, on est forcé de prendre celui des autres. Cela peut se faire, d'ailleurs, avec beaucoup de loyauté.

— Je ne force personne, fait observer affablement un prêteur à cent cinquante pour cent, mais j'ai des risques et il faut que *l'argent travaille*. Vivre sans argent est aussi inconcevable pour cet homme juste que vivre sans Dieu pour un solitaire de la Thébaïde. Et ces deux viveurs ont raison, puisque leur objet est *identique*, inexprimablement IDENTIQUE.

Ayant déjà tellement prouvé qu'il est impossible de vivre sans manger, il est à peu près oiseux d'entreprendre la démonstration de la vitale nécessité de l'argent. *Manger de l'argent !* hurlent en cœur les pères de famille. Quel trait de lumière que cette locution métonymique !

Hé ! que pourrait-on manger, dites-le moi, si on ne mangeait pas de l'argent ? Existe-t-il dans le monde une autre chose qui soit mangeable ?

N'est-il pas clair comme le jour que l'Argent est précisément ce même Dieu qui veut qu'on le dévore et qui seul fait vivre, le Pain vivant, le Pain qui sauve, le Froment des élus, la Nourriture des Anges, mais, en même temps, la Manne cachée que les pauvres cherchent en vain ?

Il est vrai que le Bourgeois, qui sait presque tout, ne pénètre pas ce mystère. Il est vrai aussi que le sens du mot « vivre » ne lui est pas clair, puisque l'argent sans lequel il soutient généreusement qu'on ne peut pas vivre est, néanmoins, pour lui, une QUESTION *de vie ou de mort…*

N'importe, il le possède, voilà l'essentiel. S'il ne le mange pas lui-même, d'autres le mangeront après lui, c'est sûr.

Mais quand il profère ces mots redoutables, j'ose le mettre au défi de ne pas ressembler à un vrai prophète et de ne pas affirmer Dieu avec une force infinie. *Trahitur sapientia de occultis.*

XI. Faire travailler l'argent.

On vient de le voir, ce Lieu Commun sort du précédent comme l'abeille sort de la fleur. Le précepte ressassé de faire travailler l'argent est *théologique*, au fond, beaucoup plus qu'économique, par une suite nécessaire de l'identité que je viens d'inscrire.

Travailler, dans le sens du latin *laborare*, c'est SOUFFRIR. On fait donc souffrir l'Argent qui est Dieu. On le fait souffrir, naturellement, avec la plus abondante ignominie. À l'exception des crachats, — car le Bourgeois « ne crache pas sur l'argent », — aucun opprobre ne lui est épargné. On le fait même *suer*. On lui fait suer le sang des pauvres dans l'agonie des labeurs de mort.

Il y a des peuples qui crèvent dans les usines ou les catacombes noires pour velouter la gueule des vierges engendrées par des capitalistes surfins, et aussi pour que « le mystérieux sourire de la Joconde » ne leur soit pas refusé. C'est ce qui *s'appelle faire travailler l'argent !*

… Et la Face PÂLE du Christ est plus pâle au fond des puits et dans les fournaises.

XII. Les affaires sont les affaires.

De tous les Lieux Communs, ordinairement si respectables et si sévères, je pense que voici le plus grave, le plus auguste. C'est l'ombilic des Lieux Communs, c'est la culminante parole du siècle. Mais il faut l'entendre et cela n'est pas donné indistinctement à tous les hommes. Les poètes, par exemple, ou les artistes le comprennent mal. Ceux qu'on nomme archaïquement des héros ou même des saints n'y comprennent rien.

L'affaire du salut, les affaires spirituelles, les affaires d'honneur, les affaires d'État, les affaires civiles même, sont des affaires qui pourraient être autre chose, mais ne sont pas *les* Affaires qui ne peuvent être que les Affaires, sans attribution ni épithète.

Être dans les Affaires, c'est être dans l'Absolu. Un homme tout à fait d'affaires est un stylite qui ne descend jamais de sa colonne. Il ne doit avoir de pensées, de sentiments, d'yeux, d'oreilles, de nez, de goût, de tact et d'estomac que pour les Affaires. L'homme d'affaires ne connaît ni père, ni mère, ni oncle, ni tante, ni femme, ni enfants, ni beau, ni laid, ni propre, ni sale, ni chaud, ni froid, ni Dieu, ni démon. Il ignore éperdument les lettres, les arts, les sciences, les histoires, les lois. Il ne doit connaître et savoir que les Affaires.

— Vous avez à Paris la Sainte-Chapelle et le Musée du Louvre, c'est possible, mais nous autres, à Chicago, nous tuons quatre-vingt mille cochons par jour !… Celui qui dit cela est vraiment un homme d'affaires. Cependant, il y a plus homme d'affaires encore, c'est celui qui vend cette chair de porc, et ce vendeur, à son tour, est surpassé par un acheteur profond qui en empoisonne tous les marchés européens.

Il serait impossible de dire précisément ce que c'est que les Affaires. C'est la divinité mystérieuse, quelque chose comme l'Isis des mufles par qui toutes les autres divinités sont supplantées. Ce ne serait pas déchirer le Voile que de parler, ici ou ailleurs, d'argent, de jeu, d'ambition, etc. Les Affaires sont les Affaires, comme Dieu est Dieu, c'est-à-dire en dehors de tout. Les Affaires sont l'Inexplicable, l'Indémontrable, l'Incirconscrit, au point qu'il suffit d'énoncer ce Lieu Commun pour tout trancher, pour museler à l'instant les blâmes, les colères, les plaintes, les supplications, les indignations et les récriminations. Quand on a dit ces Neuf Syllabes, on a tout dit, on a répondu à tout et il n'y a plus de Révélation à espérer.

Enfin ceux qui cherchent à pénétrer cet arcane sont conviés à une sorte de désintéressement mystique, et l'époque est sans doute peu éloignée où les hommes fuiront toutes les vanités du monde et tous ses plaisirs et se cacheront dans les solitudes pour se consacrer entièrement, exclusivement, aux AFFAIRES.

XIII. J'ai la loi pour moi.

C'était une famille chrétienne à la manière d'autrefois. Le père, excellent ouvrier et très brave homme, apportait exactement son salaire à la maison. La mère, pleine de vaillance, faisait des ménages. L'aîné des enfants, un beau garçon de quatorze ans, venait de commencer son apprentissage et les deux petites filles, dont la moins jeune se préparait à la première communion, allaient à l'école des sœurs. C'étaient d'humbles gens d'une candeur extrême qui voulaient devenir des saints. Une tête d'épingle jetée sur leurs bonnes intentions ne serait pas tombée par terre.

On priait en commun, chaque matin et chaque soir. On allait ensemble aux offices, les dimanches et jours de fêtes et, le plus souvent possible, à une première messe dans la semaine. Bien des fois, on lisait l'histoire des Martyrs ou tel autre de ces rares livres qui donnent la vie. Quelques images pieuses, détestables et attendrissantes, pendaient aux murs : une *Vierge à la Chaise* écrasée sous quinze cents pierres lithographiques, un *Ecce Homo* du Guide mis en couleur par des vitriers barbares, un *Golgotha* raisonnable et une *Sainte Famille* privée de calme acquis dans des foires.

Mais l'honorée, la vénérée, c'était une représentation chevaline et tutélaire de Léon XIII. Cette caricature atroce était, pour ces pauvres, la présence même, non pas tout à fait du Fils de Dieu, mais de son Vicaire. Ils avaient suspendu à côté une veilleuse rose toujours allumée et il y avait cette règle de ne pas passer devant sans dire une prière.

Jamais on ne vit des chrétiens plus pieux. Leur dévotion au Pape — à leurs yeux le Père des pères — était une chose unique, tout à fait simple, presque auguste. Ils auraient donné leur vie en ce monde et plusieurs siècles de leur repos éternel, tout ce qui peut être donné, pour épargner au Souverain Pontife le moindre souci, le plus innocent outrage.

Le malheur sauta sur eux et ils furent abandonnés comme des maudits. Le père fut laminé par une machine sous l'œil d'un patron qui ne réclama rien pour lui-même. Le gérant du propriétaire *inconnu* fit procéder à l'expulsion, non sans retenir le mobilier et jusqu'à la fameuse image du Successeur de saint Pierre. La mère, à son tour, mourut de chagrin et de labeur. Enfin, le jeune garçon fut rencontré, quatre ans plus tard, devenu juge de son siècle et maquereau de ses deux sœurs.

Il savait, alors, que le propriétaire qui avait consommé leur naufrage en les expulsant légalement, était un étranger du nom de Pecci et qu'il occupait la Chaire de Rome, pour ne rien dire de celle d'Antioche qui est aux mains des infidèles et où les disciples de Jésus furent nommés, pour la première fois, chrétiens.

Oui, Très Saint Père, vous avez la LOI pour vous.

Post-scriptum. — Aucune loi, même théophobe, ne m'obligeant, jusqu'à ce jour, à scandaliser les faibles, j'avertis, une fois pour toutes, que c'est une de mes pentes de m'exprimer *en paraboles* et que tel est ici le cas, manifestement. Il est bien certain que je ne pourrais donner l'adresse d'aucune maison de rapport appartenant à Léon XIII, mais je pourrais nommer *toutes* les églises paroissiales de France qu'un Innocent III ou un Grégoire IX aurait, depuis longtemps, frappées du grand Interdit, pour ce seul fait monstrueux et qui compromet horriblement le Vicaire du Dieu des pauvres, que les Va-nu-pieds en sont *expulsés* invariablement et avec ignominie.

XIV. On ne peut pas tout avoir.

Assurément, surtout lorsqu'on a déjà la loi pour soi, comme il vient d'être dit. Demander le reste par surcroît, ce serait vouloir avaler le monde. Or le Bourgeois est comme Dieu, *il n'en demande pas tant.* Contempteur de l'Infini et de l'Absolu, il sait se borner. Qui le saurait mieux que lui ? son unique soin, son travail de toutes les heures, depuis l'enfance, n'est-il pas de planter des bornes partout ?

Et remarquez la modération de ce Lieu Commun. Il ne dit pas : On ne *doit* pas, mais, on ne *peut* pas. Le Bourgeois devrait tout avoir, puisque tout lui appartient, mais il ne peut pas tout saisir, tout envelopper, parce qu'il a de trop petits bras. « Misère de grand seigneur, a dit Pascal, misère d'un roi dépossédé ».

Lorsqu'à une demande imprévue, mon épicier me répond, avec un brave sourire, qu'on ne peut pas tout avoir, le digne homme pense peut-être avoir seulement exhalé un modeste rot. Moi j'ai cru entendre la plainte énorme de Prométhée…

Ne pas tout avoir ! Quelle infortune ! Et je me demande comment cette parole, qui ressemble à une récrimination surnaturelle et que profèrent sans relâche des millions de gueules sublimes tournées vers les astres, ne casse pas quelque chose dans le ciel !

XV. Tout le monde ne peut pas être riche.

Moins absolu en apparence que le précédent, celui-ci a l'avantage d'une plus grande précision. Identité parfaite quant au fond. Il convenait donc de les rapprocher, de les mettre en contact, en faisant observer qu'ils éveillent tous deux les mêmes sentiments, les mêmes pensées.

Car il est temps de le déclarer, la langue des Lieux Communs, la plus étonnante des langues, a cette particularité merveilleuse de dire toujours la même chose, comme celle des Prophètes. Les bourgeois, dont cette langue est le privilège, n'ayant à leur service qu'un très petit nombre d'idées, ainsi qu'il appartient à des sages qui ont réduit au minimum le fonctionnement de l'intellect, rencontrent nécessairement chacune d'elles à tous les entrecroisements de leur quinconce, à chaque tournant de leur bobine. Je plains ceux qui ne sentiraient pas la beauté de ça. Quand une bourgeoise dit, par exemple : « Je ne vis pas dans les nuages », tenez pour sûr que cela veut tout dire, que cela dit tout et qu'elle a tout dit, absolument et pour toujours.

Ces huit mots : « Tout le monde ne peut pas être riche », n'ont l'air de rien, n'est-ce pas ? et, en réalité, ils ne sont rien, mais essayez de les remplacer ! Vous voulez exprimer d'une façon neuve cette idée forte que tout le monde ne peut pas avoir dans sa poche un grand nombre de pièces de cent sous, c'est-à-dire appartenir à la classe bourgeoise qui ne peut pas tout avoir, c'est entendu, mais qui a, tout de même, l'argent. Vous voulez la ruine de ce Lieu Commun par la trouvaille d'une forme qui n'ait pas servi. Eh ! bien, cherchez, creusez, fouillez, bouleversez. Vous rencontrerez peut-être l'Iliade, mais ça, vous ne le trouverez pas ! C'est à sangloter d'admiration.

XVI. Il faut mourir riche.

Celui-là est plutôt belge, mais si beau ! Il est, d'ailleurs, destiné à devenir français, le bienheureux jour où la France aura été annexée enfin à ce peuple spirituel.

Mourir riche ! Vœu héroïque ! Desideratum prodigieux ! Que sont, à côté, les commandements de Dieu et les commandements de l'Église, et les Souffrances du Rédempteur, et la Compassion de

Marie, et le sang des dix-huit millions de Martyrs, et les extases des Saints ? Le Paradis, c'est de crever dans la couenne d'un pourceau, et saint Paul même eût été forcé d'en convenir, s'il avait connu les Belges.

Après ce Lieu Commun grandiose où s'exprime si bien l'âme d'un peuple, j'ai presque honte et quasi peur de continuer mon Exégèse. Pauvre comme un vieux rat et vraisemblablement appelé à mourir tel, que suis-je pour affronter de si redoutables arcanes et où prendre l'audace de toucher plus longtemps à ces topiques pleins de menaces qui ont toujours l'air d'être sur le point de lancer la foudre ? Il me semble que je remue les plus redoutables engins d'explosion. Qui sont-ils donc, ces bourgeois terribles qui peuvent prononcer habituellement, exclusivement, du matin au soir, de telles paroles, sans expirer de terreur ?

Post-scriptum. — Le Bourgeois est invinciblement persuadé que les trappistes, *dont la règle est de ne jamais parler*, ne se rencontrent pas une seule fois sans se dire : « Frère, il faut mourir ». C'est une des idées auxquelles il tient le plus. C'est comme la fameuse tombe que chaque moine est tenu de creuser tous les jours, pour son usage personnel, à raison de huit heures de travail par jour, pendant toute la durée de sa vie religieuse qui est, quelquefois, de cinquante ans. Le Bourgeois est le Cynégire de ces deux bateaux. Il n'en démord pas.

Pour revenir au premier, je voulais dire seulement qu'en Belgique il y a sans doute une addition au texte français. Les trappistes belges doivent murmurer : « Frère, il faut mourir *riche* ».

XVII. Quand on est dans le commerce…

Il me tardait d'y arriver. Cette parole d'usage fréquent est surtout recommandable par son extrême noblesse. Être dans le commerce cela veut dire, chez les bourgeois, être assis dans de larges trônes d'or pour juger le monde. Aristocratie auprès de laquelle toutes les aristocraties sont un peu moins que de la crotte. Les pairies et les grandesses devraient s'honorer de la servir très humblement, si les choses étaient à leur place. Pour ce qui est des artistes et des derniers misérables qui font encore usage de la faculté de penser, qui dira les bas emplois où il les faudrait colloquer ? Mais patience.

Être dans le commerce ! Voilà ce qui répond à tout, voilà ce qui englobe tous les privilèges, toutes les faveurs disponibles, toutes les dispenses imaginables, toutes les amnisties. Ce qui n'est permis à personne et dans aucun cas devient licite, et même professionnel, quand on est dans le commerce. La parole fameuse du grand Roi d'Esther : « La loi qui est faite pour tous n'est pas pour toi », paraît avoir été dite à l'intention des personnes qui sont dans le commerce, indistinctement.

Peu importe ce qui est vendu. Que ce soit du fromage, du vin, des chevaux, de la bijouterie, de la quincaillerie, des couronnes de mariées, de la charogne ou de la raclure de n'importe quoi, il suffit que cela se vende ou même que cela soit à vendre sans aucune chance d'être vendu et qu'il y ait des livres de commerce derrière, avec un comptoir ajouré d'une petite galerie faite au tour.

Le mensonge, le vol, l'empoisonnement, le maquerellage et le putanat, la trahison, le sacrilège et l'apostasie sont honorables, quand on est dans le commerce. « À plat ventre devant le client », disait un jour devant moi une patronne de café à un de ses garçons, « toujours à plat ventre, quand on est dans le commerce ». Cette recommandation, que dis-je ? ce précepte qui, dans d'autres circonstances eût été le plus bas étage de l'ignominie, avait là quelque chose d'augural et ressemblait à une vaticination. J'ai vu peu de gestes aussi majestueux que celui de cette caissière gonflée d'enthousiasme et la trompe en l'air, montrant impérieusement le sol, de son index tendu, dans l'attitude picturale d'une Élisabeth Tudor désignant le billot de Marie Stuart. Ce jour-là j'entrevis, comme en un éclair, la beauté mystérieuse et irrévélable du Commerce.

Suivez-moi bien. Une chose se vend ou peut se vendre, selon qu'il y a preneur ou qu'il n'y a pas immédiatement preneur. Cette chose est une salade, un médicament, un couteau à virole, une fille à soldats, peu importe. Le vendeur est toujours un homme prodigieux, un thaumaturge ayant le pouvoir de donner à Dieu le Père ce qui appartient au Saint-Esprit, c'est-à-dire de faire passer l'Amour dans la Foi et le Feu dans l'Eau, ce qui peut à peine être compris.

C'est pourtant bien simple. L'Argent, par quoi s'opère cette translation, est le Rédempteur ou, si on veut, l'image du Rédempteur. Mais voilà ! Les commerçants, hermétiques de leur nature, se foutent également du Rédempteur, de la Rédemption, des Trois Vertus théologales et des Trois Personnes divines, et, en général, de tout ce qui peut être conçu par l'entendement humain.

Combien de fois n'ai-je pas reçu le conseil de « faire du commerce », c'est-à-dire d'écrire comme un cochon pour devenir riche — hélas !

XVIII. On ne se refait pas.

C'est un mot de phénix découragé. Les joueurs le disent aussi quelquefois, mais sans conviction. Ici je confesse mon embarras.

Le Bourgeois pense-t-il vraiment qu'on ne se refait pas, qu'on refait seulement les autres, ou faut-il croire à une ironie ? L'ironie est peu probable. Elle ne convient pas à la gravité de ce bonze. Il doit penser réellement qu'on ne se refait pas, ce qui paraît dur. Mais comment l'entend-t-il ? voilà la question. Avec lui, il faut toujours s'attendre à quelque surprise, à quelque révélation imprévue qui jette par terre, qui assomme et dont on ne se relève que difficilement.

Écartons tout de suite l'hypothèse de la réfection négative des vieilles carcasses de notaires ou de tailleurs sur mesure. Le Bourgeois est trop éclairé pour méconnaître les progrès de la science dont il est le Mécène le plus désigné. Il sait que la science ne s'arrête pas, qu'elle ne s'arrêtera jamais et que, demain, peut-être, elle remettra sur le feu la marmite enfin retrouvée du vieil Eson. Assurément ce n'est pas cela qu'il aurait l'audace de nier.

Que reste-t-il alors, et de l'impossibilité de quel renouveau veut-il donc parler ? Ah ! que le Bourgeois est impénétrable ! J'ai employé une partie de mon existence, la plus belle sans doute, à chercher le sens de ce Lieu Commun. Je n'ai rien trouvé du tout et, ma foi ! j'aime mieux vous déclarer franchement que j'y renonce.

XIX. La médecine est un sacerdoce.

Ah ! les sacerdoces ! qui essaiera de les dénombrer ? Le sacerdoce de l'agriculture, de la magistrature, de la pharmacie, de l'épicerie, de la bureaucratie, de la politique, de l'enseignement ; le sacerdoce de l'épée, le sacerdoce du journalisme, etc., enfin le sacerdoce antique de la Prostitution remis en honneur dans ces derniers temps. Il n'y a guère que le sacerdoce religieux qui ne soit plus un sacerdoce, ayant été formellement et si judicieusement rayé de la liste par le Bourgeois qui s'y connaît, puisque c'est lui-même qui a institué tous les sacerdoces contemporains.

J'ai nommé, sans choix, la médecine, parce que ce sacerdoce-là s'est offert le premier à ma mémoire et vous avouerez qu'il est rudement beau.

Un docteur qui flaire trente ou quarante pots de chambre de Bourgeois et qui palpe leurs viandes intimes, tous les matins, avant son déjeuner, a une autre allure, on est forcé d'en convenir, qu'un missionnaire annonçant la parole de Dieu à des idolâtres mal élevés qui le mangeront peut-être après son discours, et le libellé d'une ordonnance est bien autre chose, n'est-ce pas ? qu'un mandement épiscopal !

Auprès des gestes tâteurs, tripoteurs, auscultateurs des médecins ou en comparaison de leurs formules isochrones et stéréotypées, tombant de si haut, qu'on est toujours sûr d'entendre, que deviennent, je le demande, les canons et les liturgies ?

Quand on vous affirme que la médecine est un sacerdoce, dites-vous avec une pieuse crainte qu'il y a nécessairement un Dieu ineffable et tout-puissant derrière ce clergé et qu'il vous échoit de le démêler, comme vous pourrez, d'avec tous les autres Dieux non moins ineffables et non moins puissants situés, eux aussi, derrière d'autres clergés innombrables. Ah ! les sacerdoces !

XX. Toutes les opinions sont respectables.

— Pourvu qu'elles soient sincères, ajouta finement le marchand de poisson.

— Bien entendu, reprit avec bonhomie la patronne de la *Corne d'Or*, qui venait d'acheter un peu de marée en putréfaction pour ses pensionnaires. Moi, voyez-vous, je suis pour la liberté. Chacun pour soi et le bon Dieu pour tous.

— À la bonne heure ! Voilà qui est parler. Alors, comme ça, vous ne voulez pas de mes moules ? Je vous les laisserai pour rien, histoire de les finir.

— Non, non, merci, je vais voir ma soupe que j'ai laissée sur le feu. Et la digne hôtesse, qui paraissait, en effet, impatiente de rentrer, se remit en circulation aussi rapidement que le lui permettaient son embonpoint et le poids d'un filet énorme plein de provisions.

Mme Zola exploitait, depuis vingt ans, un hôtel meublé de dix-septième ordre, auquel s'annexait un restaurant fort à craindre. La *Corne d'Or*, située dans le voisinage du Val-de-Grâce, avait, en apparence, une clientèle de jeunes gens pauvres. Mais la location à l'heure, et même à la course, depresque toutes les chambres rémunérait agréablement la tenancière, qui eût été indignée et stupéfaite si on lui avait dit que sa maison était un bordel.

Elle avait été autrefois, du temps de la jeunesse de feu Vallès, une espèce de jolie femme qui avait échappé, disait-on, à la fusillade en se retroussant prodigieusement devant les soldats éblouis. Elle passait pour avoir joué, non sans virtuosité, du bidon à pétrole et de l'étoupe enflammée sous quelques balcons, dans les douces nuits de mai. C'était pour cette raison, sans doute, qu'elle voulait que toutes les opinions fussent respectées. Cela, elle y tenait absolument.

— Où est le petit cochon ? demanda-t-elle en arrivant.

— On l'a vu filer du côté de l'église, comme à l'ordinaire, il y a plus d'une heure et il n'est pas encore rentré, répondit Ferdinand, le garçon du lieu.

— Là ! j'en étais sûre ; toujours l'église, toujours la messe, toujours son bon Dieu ! Ah ! zut à la fin ! J'ai bien envie de le flanquer à la porte, quand il reviendra.

Le petit cochon était un long bougre de trente-cinq ans. Ruiné par des spéculations habiles, il vivait d'un humble emploi et, tenté par le prix modique, avait cru bien faire de prendre pension à la *Corne d'Or*. C'était un homme bien élevé, espèce de monstre à peu près inconnu des nouvelles générations, et qui, bientôt, ne sera plus rencontrable que chez quelques belluaires anglo-saxons. Il était même dévot, chose qui dépassait les moyens de Mme Zola et la bouleversait de fond en comble.

Elle aurait pu rester tranquille, dira-t-on, s'installer dans l'indifférence. Eh ! bien, non, elle ne le pouvait pas. Elle avait le cœur pris, le cœur ravagé. Ce demi-siècle avait rêvé de finir dans les bras de

XX. Toutes les opinions sont respectables.

son pensionnaire. L'héroïne de 71 avait espéré le saloir de ce dernier amour pour sa vieille viande.

Voyant l'objet pauvre, silencieux et triste, et discernant en elle-même une consolatrice de première classe, elle s'était dit qu'il lui serait sans doute facile de s'emparer d'un malheureux. Puis, voilà que cette sacrée religion s'y opposait ; car il n'y avait pas d'illusion possible. Elle ne pourrait jamais marcher avec le bon Dieu, son commerce non plus et ce jésuite foutrait le camp aussitôt qu'il se verrait aimé par une jolie femme !

Précisément, ce matin, elle avait résolu de tenter une démarche concluante, analogue peut-être à celle qui avait autrefois désarmé les culottes rouges de Mac-Mahon. Et voilà que le misérable était allé faire ses dévotions, sans avoir l'air de se douter de rien. Il n'avait donc rien vu, rien compris ! Ah ! parbleu ! elle ne s'était pas jetée à son cou, elle ne s'était pas mise sur ses genoux, ce qui eût été décisif, au moins pour les vieilles chaises de la *Corne d'Or*, Mme Zola ne pesant pas loin de trois cents kilos. Mais les petites attentions dont il était l'objet, les chatteries, les mamours, les avances à peine dissimulées de chaque minute et renouvelées sans cesse, tant de regards et tant de sourires, tout n'aurait-il pas dû l'éclairer ? Hélas ! Pleine de ces pensées douloureuses, elle ouvrit machinalement une lettre que lui remettait un commissionnaire.

« Très chère dame, disait ce message, veuillez confier au porteur la valise que vous trouverez dans ma chambre. Je vous quitte avec une douleur extrême, heureusement adoucie par l'espoir de rendre la paix à votre âme, en dérobant à vos yeux très purs l'excitante beauté de mon visage. Ô trop tendre et trop inflammable Zola, je vous respecte à l'égal d'une opinion, d'une de ces opinions innombrables, toujours vieilles et toujours si jeunes, que vous recommandâtes si souvent de respecter. Adieu donc, ô Émilie, dont l'image est indécrochablement fixée dans mon cœur. ALPHONSE ALLAIS, *ex-pharmacien de 1ère classe* ».

— Sale calotin ! vociféra la douce hôtesse qui ne croyait pas si bien dire. Il est sans exemple qu'une bourgeoise se soit trompée.

XXI. Je suis comme saint Thomas...

Vous l'avez tous connu, ce Sicambre du pot-au-feu, affirmant ainsi son indépendance. Il est comme saint Thomas. Pour croire, il a besoin de voir et de toucher. Car il est bien entendu, n'est-ce pas ? que l'apôtre saint Thomas, surnommé le *Double Abîme* par l'Esprit Saint, doit être apprécié selon la jugeotte contemporaine et mesuré avec la dernière exactitude, d'après les irréprochables méthodes d'évaluation psychologique instaurées par les Paul Bourget pour l'assiette indéfectible du Bourgeois.

Aucun homme doué d'intelligence n'hésitera à reconnaître que saint Thomas est le patriarche des positivistes, c'est-à-dire des hommes sans foi et même, s'il faut tout dire, d'un assez grand nombre de crapules qui se faufilent, par malheur, dans ce groupe lumineux, quelques précautions qu'on prenne.

Mais il y a une chose très belle qu'on ne dit pas. C'est que le disciple a dépassé le maître et que le Bourgeois est beaucoup plus grand que saint Thomas. Son admirable supériorité consiste, en effet, à ne pas croire, même *après* avoir vu et avoir touché. Que dis-je ! à devenir incapable de voir et de toucher à force de ne pas croire. Ici on est au seuil de l'Infini

Une visionnaire fameuse a dit que le doigt de saint Thomas, ce doigt qui est entré dans les Plaies des Mains, fait tourner le monde. C'est effrayant de songer à ce que peut faire tourner un individu qui est plus grand que saint Thomas et qui ne croit être que son égal !

XXII. Je m'en lave les mains comme Pilate.

Autre réminiscence évangélique. Nous en trouverons encore. Le Bourgeois n'est pas précisément religieux ; non, mais il est plein de traces accumulées, plus ou moins distinctes, comme un décrottoir fidèle ou un paillasson qui aurait beaucoup servi. Rien ne lui semble plus facile que d'être comme saint Thomas et, en même temps, de se laver les mains de ceci ou de cela, comme Pilate.

Traditionnellement et instinctivement, Pilate est le héros de son choix. C'est, de tous les personnages évangéliques, celui qui parle le plus à son cœur. Il sent tellement en lui son prototype ! Il ne sait peut-être pas très bien cette histoire et, probablement la cause de ce lavement célèbre ne lui est pas fort connue. Il a autre chose à faire, mais tout de même...

Les anciens bourgeois, depuis longtemps restitués à la poussière, qui furent ses ancêtres, ont pu savoir que ce geste alléguait métaphoriquement l'innocence. Lui, très moderne et, par conséquent, plus armé contre toute espèce de notions, en a judicieusement élargi le sens. « Je m'en lave les mains », dit à propos de n'importe quoi, signifie tout simplement : « Je m'en fous », et l'addition : « comme Pilate » n'est plus qu'une habitude séculaire de la langue, une sorte de bruit sourd analogue à celui d'un corps pesant qui tomberait dans un gouffre.

Pour dire quelque chose de plus, le Lieu Commun que je tente, sans espoir, d'élucider, équivaudrait, rigoureusement, et *dans l'Absolu*, à la réponse de Caïn : « Suis-je le gardien de mon frère ? » — tant il est vrai que le Bourgeois ne peut pas dire un mot, fût-il chauve, sans secouer toutes les colonnes, comme un Samson !

Mais voici que je perds la tête. Ne viens-je pas de nommer l'Absolu, oubliant que rien n'est absolu et que je me suis fendu en quatre pour le démontrer. En vérité, je crains parfois de ne pouvoir arriver à la fin de cet immense travail d'exégèse, tellement la matière m'accable et le sujet m'abrutit.

Post-scriptum. — J'ai observé que ce Lieu Commun est ordinairement et inexplicablement invoqué par des individus aux mains sales, — de même que le mystérieux omnibus de Panthéon-Courcelles s'arrête toujours devant le lupanar dégénéré de la rue des Quatre Vents, sans que personne y monte ni en descende et sans qu'on ait jamais pu savoir pourquoi.

XXIII. Prêcher dans le désert comme saint Jean.

Encore l'Évangile ! Quelle monographie on pourrait écrire des résidus évangéliques aperçus dans les entrailles du Bourgeois ! Ici la difficulté n'est pas petite et je me plains derechef.

Mon Dieu ! je sais bien ce que veulent dire ce professeur de mathématiques, ce marchand de marrons, cet académicien François Coppée, si on veut, ou cet Hanotaux, quand ils affirment qu'un tel prêche dans le désert… comme saint Jean. Oui, sans doute, je sais ce qu'ils veulent dire, un enfant de trois ans le saurait. Mais j'ignore ce qu'ils disent en réalité. Je l'ignore presque autant qu'eux-mêmes.

Situation étrange ! Que signifie, pour de tels juges, le mot « prêcher » et qu'entendent-ils par le « désert » ? Quant à saint Jean, n'en parlons pas, cela vaut mieux. Lorsque je lis dans l'Évangile que « Jean-Baptiste prêchait dans le désert de Judée », il me suffit de continuer le chapitre pour savoir immédiatement qu'une énorme foule d'auditeurs venus de partout l'écoutait dans ce désert, qu'un grand nombre se faisaient baptiser par lui et devenaient ses disciples, et que, par conséquent, il ne prêchait pas en vain. Or c'est justement le contraire qui paraît être compris par François Coppée ou tel autre académicien bourgeois précité.

Alors quoi ? Cette apparente confusion du datif et de l'ablatif — l'ânerie pure et simple n'étant pas supposable un seul instant — ne cacherait-elle pas quelque secret prodigieux ? Ces hommes auraient-ils reçu je ne sais quelle révélation inouïe invalidant le Texte sacré ?... Une telle pensée me donne le trac, je l'avoue, et, du fond de ma bassesse d'écrivain, de mon ignominie d'artiste pauvre, je bénis Dieu de ne m'avoir pas fait naître bourgeois pour la gloire d'un si lourd fardeau.

XXIV. Être dans les nuages.

Aimer autre chose que ce qui est ignoble, puant et bête ; convoiter la Beauté, la Splendeur, la Béatitude ; préférer une œuvre d'art à une saleté et le *Jugement dernier* de Michel-Ange à un inventaire de fin d'année ; avoir plus besoin du rassasiement de l'âme que de la plénitude des intestins ; croire enfin à la Poésie, à l'Héroïsme, à la Sainteté, voilà ce que le Bourgeois appelle « être dans les nuages ». D'où il suit que les nuages sont une espèce de patrie-omnibus pour quiconque n'est pas situé exactement au plus bas de tous les degrés de l'échelle, — ce qui n'est, bien entendu, le cas de personne. Car il y a une hiérarchie de nuages à n'en pas finir et voilà ce que cache soigneusement l'Ennemi des hommes.

Démonstration aussi facile qu'elle est importante. Un pauvre compagnon vidangeur raclant le gratin au fond d'une fosse et songeant aux pommiers ou aux acacias en fleurs, est incontestablement dans les nuages. Un triste employé de commerce interrompant ses bordereaux pour dévorer un feuilleton de Richebourg d'où lui vient la sensation d'une pantelante littérature, est encore plus dans les nuages, si c'est possible, et on ne le lui envoie pas dire. Un notaire ivre d'amour qui fait un quatrième enfant à sa notaresse, oubliant qu'il a déjà procréé un hydrocéphale et deux avortons, est autant dans les nuages qu'on y puisse être, c'est certain, et il faudrait quelque chose comme la monstruosité d'un pharmacien faisant des vers pour y être d'une manière plus inquiétante. Je ne finirais pas, s'il fallait tout dire.

En somme, pour s'enlever instantanément dans les nuages, il suffit de faire, penser, vouloir ou rêver n'importe quoi de propre ou de quasi-propre, ne fût-ce qu'une demi-seconde.

Donc ces fameux nuages si énergiquement anathématisés par le Bourgeois peuvent, hélas ! être par lui rencontrés à chaque détour. Quoi qu'il fasse, il n'est jamais sûr de les éviter et voilà pourquoi son sort, bêtement envié, est si douloureux ! On s'est souvent demandé pourquoi le Bourgeois est si cochon, si crapuleusement bas, si enfoncé dans les latrines ! Tout simplement à cause des nuages.

Un usurier venait de crever. Sa famille pria saint Antoine de Padoue de prononcer l'oraison funèbre. Il y consentit et son sermon, tout à fait dans les nuages, fut sur ce texte : « Là où est ton trésor, là est ton cœur. » Puis, le sermon fini, s'adressant aux parents :

— Allez, leur dit-il, fouillez maintenant dans les coffres de cet homme qui vient de mourir. Je vais vous dire ce que vous trouverez au milieu des monceaux d'or et d'argent. Vous trouverez son *cœur*.

Ils y allèrent, ils fouillèrent et, au milieu des écus, ils trouvèrent un cœur humain, un cœur chaud et qui palpitait... Celui-là, peut-être, avait échappé aux nuages.

Combien l'Ascension doit paraître fâcheuse au Bourgeois et combien Jésus montant au ciel doit le révolter ! Un Dieu dans les nuages !... Cependant, qui pourrait être meilleur chrétien que le Bourgeois ? On le trouve à la tête de toutes les œuvres dans nos paroisses, et il s'arrange même de la Transfiguration, tant il est malin !

XXV. Être comme il faut.

Règle sans exception. Les hommes dont il ne faut pas ne peuvent jamais être comme il faut. Par conséquent, exclusion, élimination immédiate et sans passe-droit de tous les gens supérieurs. Un homme comme il faut doit être, avant tout, un homme comme tout le monde. Plus on est semblable à tout le monde, plus on est comme il faut. C'est le sacre de la Multitude.

Être habillé comme il faut, parler comme il faut, manger comme il faut, marcher comme il faut, vivre comme il faut, j'ai entendu cela toute ma vie.

Je demande qu'on se rappelle ce que j'ai dit en commençant cette exégèse, à savoir que le Bourgeois profère à son insu, continuellement et sous forme de Lieux Communs, des affirmations très redoutables dont la portée lui est inconnue et qui le feraient crever de peur, s'il pouvait s'entendre lui-même.

Ainsi le Lieu Commun qui nous occupe en ce moment exprime, avec une énergie singulière, le mandement évangélique de l'Unité absolue : *Sint unum sicut et nos*. La Parole substantielle étant vraie dans tous les sens, il est certain que le Bourgeois accomplit à sa façon la Volonté qu'il ignore en exigeant que le bétail humain soit un immense et uniforme troupeau d'imbéciles — pour l'immolation piaculaire… un certain jour.

XXVI. Être pratique.

À ne consulter que les dictionnaires, on pourrait croire qu'il s'agit ici tout bêtement d'une chose en opposition avec une autre qu'il faudrait appeler théorique et qui ne serait pas moins estimable, d'ailleurs.

De ce point de vue, un homme pratique serait l'instrument pour la réalisation d'une idée ou l'application d'une loi. L'homme pratique par excellence serait le bourreau. Mais il ne s'agit pas de cela.

Dans la langue du Bourgeois, langue très spéciale qu'il faut avoir peur de ne pas admirer assez, être pratique signifie un ensemble de qualités morales, un état d'âme. On dit d'un homme qu'il est pratique comme on dirait qu'il est vertueux et même avec une nuance de dédain pour la vertu.

Au fond l'homme pratique est le véritable demi-dieu bourgeois, le remplaçant moderne du Saint des légendes. La plupart des statues contemporaines ont été dressées à des hommes pratiques par d'autres hommes pratiques très avisés et toujours levés de très bonne heure.

Un propriétaire qui fait jeter dans la rue, en plein hiver, des malades et des affamés, est absolument un homme pratique, surtout s'il est millionnaire, et plus il est millionnaire plus il est pratique. Ce qui met cet homme si haut, c'est qu'il a un cœur, souvent même un cœur bien tendre, et qu'il sait le refouler généreusement. Il y a des fournisseurs de charogne pour les hôpitaux ou des marchands de lait qui empoisonnent, bon an, mal an, quinze cents enfants, et qui gagnent ainsi beaucoup de monnaie. Eh ! bien, tous ces gens-là débordent d'amour. Mais le principe les enchaîne. Il faut être pratique.

Autre règle sans exception. Un saint n'est jamais un homme pratique.

XXVII. Être à cheval sur les principes.

Genre d'équitation exclusivement à l'usage du Bourgeois. C'est le plus sûr qu'on connaisse. Il est même inouï que le cavalier ait été désarçonné. Mais aussi, quels principes admirablement dressés ! Monture d'autant plus aimable qu'elle ne coûte rien et qu'elle vient d'elle-même trouver le cosaque !

La bicyclette et l'automobile sont surpassées, car ces principes-là vont encore plus vite, et ils écrasent mieux, d'une manière plus satisfaisante, plus irrémédiable. Ils ne broient pas seulement les corps des faibles et des innocents privés de défenseurs. Ils broient aussi et surtout leurs âmes.

Les principes que monte le Bourgeois sont d'inégalables, d'indépassables coursiers de la mort et il les loge dans l'écurie de son cœur.

XXVIII. Être poète à ses heures.

Je vous mets au défi de trouver un Bourgeois qui ne soit pas poète à ses heures. Ils le sont tous, sans exception. Le Bourgeois qui ne serait pas poète à ses heures serait indigne de la confrérie et devrait être renvoyé ignominieusement aux artistes, à ces espèces d'esclaves qui sont poètes aux heures des autres.

Par exemple, il est un peu difficile de comprendre et d'expliquer ce que peut bien être cette poésie *aux heures* du Bourgeois. Supposer un instant que cet huissier se repose des fatigues de son ministère en taquinant la muse, qu'il se console du trop petit nombre de ses exploits en exécutant des cantates ou des élégies, serait évidemment se moquer de ce qui mérite le respect. Ce serait, si j'ose le dire, une idée basse.

Le Bourgeois n'est pas un imbécile, ni un voyou, et on sait que les vrais poètes, ceux qui ne sont que cela et qui le sont à toutes les heures, doivent être qualifiés ainsi. Lui est poète en la manière qui convient à un homme sérieux, c'est-à-dire quand il lui plaît, comme il lui plaît et sans y tenir le moins du monde. Il n'a même pas besoin d'y toucher. Il y a des domestiques pour ça. Inutile de lire, ni d'avoir lu, ni seulement d'être informé de quoi que ce soit. Il suffit à cet homme de s'exhaler. L'immensité de son âme fait craquer l'azur.

Mais il y a des heures pour ça, des heures qui sont siennes, celle de sa digestion, entre autres. Quand sonne l'heure des affaires, qui est l'heure grave, les couillonnades sont immédiatement congédiées.

— Être poète à ses heures, rien qu'à ses heures, voilà le secret de la grandeur des nations, me disait, dans mon enfance, un bourgeois de la grande époque.

XXIX. Être dans une situation intéressante.

Celui-là est pour les dames, exclusivement. Un monsieur, même bourgeois, ne sera jamais dans une situation intéressante.

Comment faut-il entendre cette parole ? Si je vois une bourgeoise enceinte, il m'est impossible de ne pas penser à la naissance prochaine d'un petit bourgeois et j'avoue que cela me paraît plutôt troublant. Je ne vois même pas très bien en quoi la famille peut y être intéressée, sinon dans le sens le plus fâcheux. Car enfin le Bourgeois n'est pas patriarche et ne doit pas l'être. Les vertus patriarcales sont juste le contraire des vertus dont il s'honore. Il n'a que faire d'une postérité innombrable et ne se voit pas adorant Jéhovah dans les solitudes, à la tête d'une caravane. Même lorsqu'il engendre, le Bourgeois est dans les affaires. Il ne pourrait donc être question que d'un *intérêt* à tant pour cent, tout au plus.

Mais ces réflexions ne nous donnent aucune lumière. La formule de bienséance : « Être dans une situation intéressante » paraît un de ces lieux communs qui ne s'expliquent pas et qu'il suffit de désigner en passant, comme quelque chose de redoutable qu'il ne faut pas trop approfondir.

XXX. Il faut être de son siècle.

M. Culot avait inventé quelque chose, on ne savait quoi et il n'en fit jamais la confidence à personne. Il voulait seulement qu'on sût qu'il n'était pas un idiot et qu'en dehors de ses fonctions, d'ailleurs brillamment remplies, de premier comptable à l'administration des Soufres, il était ce qu'on est convenu d'appeler quelqu'un.

Nul mieux que lui n'était informé de toutes les étapes de la science. Abonné à toutes les revues ou bulletins scientifiques et les dévorant ou feignant de les dévorer, on le consultait comme un répertoire. — Il faut être de son siècle, disait-il à chaque instant, considérant que ce siècle-là, qui était alors le dix-neuvième, avait au suprême degré tout ce qui pouvait faire désirer d'en être, au point de donner la démangeaison de revivre aux plus obsolètes poussières. Il n'admettait pas la plus lointaine supposition d'une tare ou d'un déchet, et les autres siècles, en comparaison, lui paraissaient irrespirables.

Il s'était fait inventeur pour appartenir plus complètement à un siècle d'inventions. Mais, je le répète, on ne savait que croire de ses découvertes. Il y avait chez lui une porte mystérieuse toujours fermée à triple tour sur laquelle on lisait ce simple mot : LABORA-TOIRE et les conjectures allaient leur train.

Certains sous-entendus accompagnés de sourires vagues donnaient à penser qu'il avait dompté l'espace des airs et résolu le problème de la navigation aérienne. Quelques-uns présumaient avec profondeur qu'il avait dû retrouver le feu grégeois ou même la poudre à canon. Un malin, qui couchait avec Mme Culot tous les samedis, chuchotait qu'il était inventeur d'une machine à aboyer destinée à remplacer les chiens de garde à la ville et à la campagne. Bref, on ne savait pas et on ne devait jamais savoir. Mais M. Culot jouissait d'une haute notoriété et il fut question de le fourrer à l'Institut, ce qui serait certainement arrivé sans les cabales.

Maintenant, voici le dénouement bizarre de sa destinée, si, toutefois, il est possible de nommer cela un dénouement. Il avait une fille sans Dieu ni beauté, mais irréprochablement salope qui, bien que n'accordant aucune attention aux studieuses manigances de son père, voulait, non moins énergiquement que lui, être de son siècle. Encouragée d'ailleurs par l'exemple de sa mère qui eût fait parler d'elle à toutes les époques du monde, elle avait de très bonne heure obtenu les résultats les plus remarquables.

Très différente en ce point de M. Culot, dès l'âge de dix-huit ans, Mlle Barbe Culot n'eut plus rien de secret pour personne. À vingt-cinq, elle s'était déjà débarrassée scientifiquement de plusieurs enfants, circonstance divulguée qui lui valut, étant alors devenue sage-femme de 1re classe, les félicitations du Président de la République et la croix d'honneur, le jour même de l'inauguration de la statue de Ricord.

Mais toute médaille a son revers, dit un autre Lieu Commun que j'étudierai, autant que possible, en numismate, lorsque le moment sera venu.

Un jour, deux hommes du siècle se rencontrèrent, comme par hasard, dans la chambre à coucher de l'aimable enfant qui était, pour l'instant, sans aucun voile et complètement soûle. Il y eut, je ne sais pourquoi, de telles engueulades que M. Culot ne crut pouvoir se dispenser d'accourir, invitant ces messieurs à quelque modération.

— *On voit bien que vous n'êtes pas de votre siècle !* lui répondit-on.

L'énormité de la remontrance pétrifia, quelques instants, le vieillard qui balbutia enfin des excuses. Il alla même jusqu'à offrir des rafraîchissements, et le calme revint dans cette demeure. Mais le coup était porté. M. Culot, soupçonné de n'être pas de son siècle, perdit peu à peu ses belles couleurs, tomba dans le marasme et finit par s'aliter. Se sentant perdu, il demanda son incinération aux frais de l'État et s'éteignit doucement, ayant pris les assistants à témoin qu'il crevait homme de son siècle. Le monde savant déplora la disparition de cet Archimède.

Nolite conformari huic sæculo, ne vous conformez pas à ce siècle, s'écrie saint Paul, dont le triomphe est trop facile et qui n'eût assurément rien compris à l'impénétrable sagesse du Bourgeois.

XXXI. Il ne faut pas être plus catholique que le Pape.

À première vue, on pourrait croire qu'il est heureux pour le Pape qu'il y ait des gens plus catholiques que lui, des avertisseurs qui lui disent : Arrêtez-vous, quand il va trop loin, c'est-à-dire, toujours, n'est-ce pas ? Car le Pape est le seul homme qui se trompe infailliblement, et c'est même comme cela qu'il faut entendre la doctrine de l'Infaillibilité pontificale. Du moins, c'est ainsi que l'entend le Bourgeois.

Pourquoi, alors, dit-il qu'il ne faut pas être plus catholique que le Pape ? Sans doute parce que le Pape l'est encore trop. Je vous écoute, mais tout de même ça n'est pas très clair.

Si le Pape se trompe toujours et qu'en sa qualité d'infaillible il soit *seul* à se tromper toujours, il s'ensuit qu'il est impossible de n'être pas plus catholique que lui. En même temps, vous me dites, ô Bourgeois, que cela ne vaut rien, qu'il *ne faut pas* l'être plus, ce qui implique nécessairement qu'il faut l'être moins, impossibilité qui vient d'être démontrée.

Dans cette hypothèse absurde, le Pape reprend son niveau, comme la mer aux « tumescences merveilleuses », et me revoi- là sur le plan d'un catholicisme inférieur à celui de ce Souverain Pontife qui ne peut pas ne pas se tromper et qui, de ce fait, retombe aussitôt, invinciblement, au plus bas étage. Encore une fois, je de- mande un peu de lumière.

XXXII. Tous les goûts sont dans la nature.

Dans la nature du Bourgeois, cela va sans dire. Essayez de vous représenter une telle universalité de goûts chez un poète ! Et re- marquez, je vous prie, qu'il n'est pas question de goûts très variés, de goûts très multiples, mais de *tous* les goûts, depuis le goût de l'ambroisie jusqu'à celui de la merde, inclusivement.

Tel est le Bourgeois, il aime tout et il avale tout. Du moins le malin qu'il est voudrait le faire croire. Mais je connais ses pentes et je ne le vois pas très bien aimant des choses propres. C'est là son indis- cutable et sempiternelle supériorité qu'il cache en vain.

XXXIII. Toutes les vérités ne sont pas bonnes à dire.

Il y en a d'autres, en plus grand nombre, qui ne sont pas meilleures à entendre. Donc, il faut faire un choix des unes et des autres, ce qui suppose le discernement des anges, et de quels anges !

Une vérité qui exposerait son divulgateur ou son témoin à quelque disgrâce, évidemment, ne serait pas bonne à dire. La peau avant tout, chacun son métier, le Bourgeois n'est pas un martyr. Mais il n'est pas non plus un confesseur, un pénitent affamé d'humiliations, et les vérités qui le désobligent, il juge préférable de les ignorer.

C'est fort bien, mais alors voici une chose étrange. Si on supprime du même coup les vérités dangereuses à proclamer et les vérités désagréables à entendre, que restera-t-il ? Car enfin, j'ai beau chercher, je n'aperçois pas un troisième groupe.

Déclarons-le sans barguigner. *Aucune vérité n'est bonne à dire*, tel est le vrai sens du texte. Peut-être même n'y a-t-il pas de Vérité. Pilate, qui LA voyait face à Face, n'en était pas sûr.

XXXIV. Chercher midi à quatorze heures.

C'est ce qu'on ne manquera pas de me reprocher. On dira que je cherche le Bourgeois où il n'est pas, que je lui suppose des intentions, des sentiments, des idées qu'il n'a pas. Eh ! bien, on se trompera. Je ne cherche, ni ne suppose. Le Bourgeois est rencontrable à n'importe quelle heure, les horlogers le savent très bien, et il est capable de tout, les pauvres l'ont appris à leurs dépens. J'ai dit seulement, et ce travail n'a pas d'autre objet, que le Bourgeois est un écho stupide, mais fidèle, qui répercute la Parole de Dieu, quand elle retentit dans les lieux bas ; un sombre miroir plein du reflet de la *Facerenversée* de ce même Dieu, quand Il se penche sur les eaux où gît la mort. J'ai ajouté que cela me semblait terrible. Et voilà tout.

Pour ce qui est de ce misérable topique, de cette fétide rengaine qui a comblé de sa banalité morne mon enfance vouée aux tourments et qui n'a même pas l'excuse démoniaque de grimacer la contrefaçon d'un Texte sacré, je sais ce qu'il en faut penser.

C'est comme le *Rien n'est absolu* des premières pages de ce livre.

XXXII. Tous les goûts sont dans la nature.

Quand un pauvre écolier a trouvé ou cru trouver quelque chose et qu'il en pantèle de joie, le coup de trique de Midi à Quatorze heures lui est invariablement asséné.

Je l'ai déjà dit et je serai bien forcé de le dire encore : préférer ce qui est noble à ce qui est ignoble et ce qui est beau à ce qui est hideux ; chercher à comprendre, tenter la conquête de n'importe quoi, en sautant par-dessus bornes et clôtures ; vouloir vivre enfin ; voilà ce qui tombe sous l'anathème.

J'essaie de me représenter cet avoué au tribunal de première instance, crevant à midi juste, à l'échéance d'une vie très basse, et sa très sale âme légère entraînée par les pleurs des pauvres qu'il écrasa, jusqu'à la station de Quatorze heures qui est la dernière du Chemin de la Croix et le Tribunal sanglant de Jésus-Christ !

XXXV. Il y a des bornes qu'il ne faut pas franchir.

Ceci est plus net. On est informé qu'à une certaine distance, pas énorme, il y a une frontière qui ne pardonne pas. Malheureusement il faut de bons yeux pour la discerner, car elle est peu apparente. Puis, elle a cet inconvénient d'être instable. C'est un cordeau lâche qui ne délimite pas exactement. Quelquefois, c'est le Bourgeois lui-même qui dépasse les bornes, sans le savoir, et alors il succombe sans honneur dans le traquenard qu'il a lui-même tendu aux Poètes, les supposant malicieusement des taupes.

Tant pis pour lui, après tout. Moi je suis de ceux qui voudraient qu'une révolution éclatât et qu'à la tyrannie intolérable du Bourgeois antique ennemi des aventures, s'opposassent les modernes effervescences d'un Bourgeois casse-cou qui ne voulût plus entendre parler d'aucune barrière. Ce cataclysme répandrait un peu d'agrément sur notre planète.

XXXVI. L'excès en tout est un défaut.

Il peut même arriver qu'on soit *trop* bourgeois, ce qui semble paradoxal. Voici, pour le démontrer, une histoire extrêmement simple où j'eus un rôle peu honorable et qui arriva dans ma jeunesse.

M. Robert, petit rentier retiré des huiles, n'était pas heureux. Il aurait dû l'être pourtant. L'effort de toute une carrière de déloyauté commerciale avait été, en sa personne, rémunéré d'une équitable opulence par un juste sort.

Une maison dénuée, grâce au ciel, de tout profil architectural, attestait, sur la grande rue, l'importance financière de cet homme récompensé. La blancheur inexorable du crépi rendait ophtalmique et faisait mourir la végétation.

Par la porte cochère, on apercevait un jardin bouilli, calciné, sinistre, d'où le goût du maître avait proscrit la nature. Tout s'y passait en rocailles et plomberie d'agrément. Un amour espiègle en simili bronze tenait un jet d'eau, peu abondant, au centre d'un bassin exécuté par le même cyclope, où des poissons rouges malheureux avaient l'air de suer.

Quelques géraniums hydrophobes se groupaient çà et là, au pied de quelques tilleuls qui avaient renoncé à toute fraîcheur. On voyait aussi des miroirs sphériques de diverses couleurs, un jeu de tonneau d'un vert d'asperge pisseux, un berceau de vigne vierge et de glycines complètement grillées dont la seule imagination d'un brûlé vivant aurait pu implorer l'ombrage. Enfin, la niche, couleur d'azur, d'un chien arrivé au dernier degré de l'alopécie galeuse, commis à la surveillance du paysage. Un mur de geôle crénelé de culs de bouteilles barrait l'horizon. Ce séjour enchanteur était la gloire de M. Robert.

Des raisons plus hautes le conviaient à la joie parfaite. Il était membre du Conseil municipal, grandement estimé pour l'abondance et la fluidité de ses vues, appelé, disait-on, par le cri public à de plus augustes emplois. Pour surcroît de bonheur, sa femme était morte, l'attendant désormais au ciel, après l'avoir, trente ans, cocufié sur terre.

Pourquoi fallut-il qu'un ver sans pardon rongeât intérieurement ce beau fruit ? M. Robert avait un voisin qui empoisonnait sa vie et le réduisait au désespoir. C'était un graveur, homme de désordre et de concupiscence, qu'il ne pouvait rencontrer sans frémir et dont la seule présence l'affolait.

Ce graveur, toujours débraillé, toujours coiffé d'un panier à figues venu de l'Asie Mineure, toujours fumant à l'extrémité d'un roseau, dans un tronc de merisier d'un poids excessif, se livrait, en outre

XXXVI. L'excès en tout est un défaut.

du burin, à des exercices photographiques de l'espèce la moins innocente, s'il fallait en juger par ses acolytes ordinaires : un gros aide fortement trapu qu'aucun propriétaire n'eût aimé à rencontrer au coin d'un bois, le jour d'échéance de ses locations, et un escogriffe d'opérateur sombre aux yeux de nitrate, noueux comme un cep, qui ressemblait, sous le vélum noir de son appareil, à quelque bourreau masqué.

— Tout cela, disait M. Robert, n'était pas très catholique.

Des femmes, probablement impudiques, venaient presque tous les jours, Dieu savait pour quels offices ! Et il n'y avait pas moyen de ne pas les voir, car M. Robert n'était pas entièrement clos de murailles et son jardin n'était dérisoirement séparé de celui du graveur que par une simple claire-voie qui ne cachait rien.

Combien de fois sa demoiselle, une jeune bique pointue et sentimentale, pure comme la violette, avait-elle entrevu, en passant, des scènes orgiaques dont le souvenir la troublait ! Elle avait vu, j'ose le dire, ces odieux voisins, mâles et femelles, dépoitraillés sans vergogne, sous prétexte d'art, et buvant, au dehors, des apéritifs en poussant des cris sauvages. Cela devenait d'autant plus intolérable qu'ils avaient l'air de narguer, éclatant de rire aussitôt qu'apparaissait le père ou la fille.

L'abominable photographe, un certain jour, n'avait-il pas eu l'audace de braquer sur eux son objectif, leur adressant, le lendemain, les deux portraits accompagnés d'une demande carabinée d'envoyer Mlle Armandine pour des études d'*ensemble*. Ce message inqualifiable, qu'Armandine avait lu, malheureusement, contenait des hypothèses d'une indécence inouïe… et le plus fort c'était que l'avocat de l'ex-huilier, homme sérieux pourtant, consulté sur l'heure, avait haussé les épaules avec un gros rire en lui donnant le conseil d'en rester là, de ne pas donner d'importance à une sotte fumisterie.

Enfin, pour tout dire, le graveur au panier à figues en était arrivé, dans l'insolence, à le tutoyer, lui, M. Robert, qui avait toujours fait honneur à sa signature, qui avait toujours payé recta, lui tapant sur le ventre au milieu de la rue et l'appelant « mon vieux Macaire ». Le digne homme ne dormait plus, perdait pied dans le torrent des tribulations.

Ce graveur était donc son cauchemar et il eût tout fait pour en être délivré. C'est assez dire qu'il l'épiait avec attention, espérant qu'un jour ou l'autre il surprendrait quelque manigance criminelle. En supposant qu'il exécutât réellement de la gravure dans sa caverne, comme il s'en vantait, cet art prétendu pouvait très bien servir à cacher d'horribles combinaisons. Car enfin on ne ferait jamais croire à un honnête homme qu'il fallait tant de compagnes et de compagnons, tant d'allées et venues et tant de micmacs pour gratter un morceau de cuivre. Il devait y avoir quelque chose.

Un beau matin, il n'en douta plus. Comme il se glissait vers la porte, étouffant ses pas, selon sa coutume, depuis qu'il « veillait au grain », la voix trop connue de l'énigmatique voisin se fit entendre à travers le mur contre lequel il fut obligé de s'appuyer dans son angoisse et, distinctement, lui parvinrent ces paroles chargées de terreur :

— *Le cadavre commence à blanchir.*

D'autres mots furent prononcés qu'il ne put saisir, mais ceux-là suffisaient bien et il savait ce qui lui restait à faire. Toutefois ses jambes se dérobaient ; il se sentait froid comme s'il eût été lui-même le cadavre et, pendant quelques minutes, il lui fallut s'éponger et se ravigoter l'âme. Enfin ! il ne s'était pas trompé. Le voisin était bien réellement une sombre canaille, un malfaiteur des plus dangereux dont la justice des hommes allait le débarrasser. Bénissant, pour la première fois de sa vie, la Providence, il s'élança vers la caserne de gendarmerie.

Informé par lui d'un massacre, le brigadier de service accourut aussitôt avec trois hommes. On entra sans cérémonie chez le graveur, malgré les yeux ronds de son ouvrier sur lequel on mit d'abord le grappin…

— Où est ton patron ? lui demanda d'une voix dure le suppôt des lois.

— Eh ! ben, quoi ? il est dans la chambre noire. Vous allez le voir dans deux minutes. Qu'est-ce que vous lui voulez ? Vous n'allez pas nous prendre pour des brigands, peut-être ?

— Assez causé ! dit le brigadier, tu t'expliqueras devant le juge d'instruction. Ouvre cette porte.

— Zut ! répondit l'homme, je ne veux pas me brouiller avec mon

XXXVI. L'excès en tout est un défaut.

patron pour vous faire plaisir. Adressez-vous à lui-même, si vous êtes pressé. Vous verrez bien ce qu'il vous dira.

Le gendarme, dégainant, s'avança vers le lieu terrible.

— Ah ! ça, dites donc, cria le personnage invisible vous n'allez pas me foutre la paix, vous autres ? Qu'est-ce que c'est donc que tout ce potin ? Je vous dis que le cadavre sera superbe.

C'en était trop. Le juste soldat menaça d'enfoncer la porte. Il fallut alors s'exécuter et M. Robert confondu vit sortir de l'ombre son bourreau, coiffé du panier à figues et la pipe au bec, tenant du bout des doigts le cliché photographique d'un tableau fameux signifiant la mort de César ou de tout autre tyran.

XXXVII. Il faut hurler avec les loups.

Précieuse maxime qui a dû être léguée par un vieux chien. Hurler, ai-je besoin de le dire ? est une litote, un euphémisme. Il s'agit de faire ce que font les loups, c'est-à-dire de manger les moutons, en commençant, bien entendu, par ceux qu'on a le devoir de garder.

Le clergé bourgeois est unanime à reconnaître que c'est une pratique plutôt agréable, la chair du mouton étant exquise et bienfaisante à l'estomac de toutes les sortes de chiens. Il y a, dans Ezéchiel, un chapitre menaçant qui a l'air de leur prédire des indigestions. Mais on ne lit guère Ezéchiel dans le clergé bourgeois et, en particulier, dans le diocèse de Meaux, où j'imagine qu'on doit le trouver un peu *rococo*. Je cite le diocèse de Meaux parce que j'y vis — assez mal, d'ailleurs, n'étant pas berger, ni chien de berger — et que j'ai eu l'occasion d'y observer quelques curés que Bossuet n'avait pas prévus et qui ne ressemblent pas à des *aiglons*.

Je parlerai plus tard de ces serviteurs de Dieu avec un certain luxe de détails. En attendant je leur propose l'apologue tout à fait ecclésiastique du chien de garde devenu un « chien muet », à force de hurler avec les loups et qui engloutit en silence la Chair et le Sang de l'Agneau, tous les matins.

XXXVIII. Il n'y a que la Vérité qui offense.

Post-scriptum au paragraphe XXXIII. J'allais l'oublier, celui-là. N'avais-je pas raison ? Non seulement il y a des vérités qui ne sont pas bonnes à entendre, mais le profond Bourgeois nous affirme qu'il n'y a que la Vérité qui l'offense.

Le mensonge ne l'offense pas, ne l'offensera jamais. C'est une espèce d'oncle dont il espère toujours hériter et pour lequel il n'a pas assez de caresses. Quand le Mensonge s'incarnera, ce qui doit arriver un jour, il n'aura qu'à dire : « Quittez tout et suivez-moi », pour traîner aussitôt derrière lui, non pas une douzaine de pauvres, mais des millions de bourgeois et de bourgeoises qui le suivront partout où il lui plaira d'aller.

Jusqu'à présent, la Vérité seule s'est incarnée, *Ego Veritas qui loquor tecum*, et vous savez comment elle a été accueillie. Ah ! on ne s'y est pas trompé une minute : *Crucifigatur !* IL N'Y A QUE LA VÉRITÉ QUI OFFENSE !

C'est tout de même troublant d'entendre le Bourgeois dire ces choses-là, tranquillement, du matin au soir.

XXXIX. C'est l'ambition qui perd les grands hommes.

Savoir ce que le Bourgeois entend par un grand homme n'est pas la chose la plus facile. Tout le monde penserait que le plus grand homme, à ses yeux, est celui qui a le plus d'argent. Eh bien ! ce n'est qu'une opinion plausible. Ce n'est pas encore tout à fait ça.

Au-dessus de l'homme qui a beaucoup d'argent, il y a celui qui fait peur, ayant le pouvoir de prendre l'argent des autres et de leur donner, en échange, des coups de pied dans le cul. Celui-là est incontestablement un plus grand homme.

Il y en a pourtant un troisième qui est plus grand encore, si j'ose le dire, qui est, à coup sûr, le plus grand des hommes. C'est celui qui venge le Bourgeois de cette Vérité offensive dont il vient d'être parlé. Un tel victorieux, on le comprend, n'a pas besoin d'être riche ni de répandre la terreur. Inutile même qu'il se nomme Renan ou Voltaire. Ne fût-il qu'un cuistre bâtard, un moléculaire et vagabond apostat, dans les plus vermineuses guenilles, il est le Scipion de cette Carthage de lumière qu'il faut détruire. Cela suffit. Son ambition, s'il en avait une, serait de partager la gloire de ce soldat immortel et ganté de fer qui souffleta, chez le grand Pontife, aux matines du Vendredi saint, le Christ enchaîné.

Mais, alors, que nous veut ce Lieu Commun avec son « ambition » désastreuse ? Je me le demande. Si quelque chose manque essentiellement au Bourgeois, c'est la Grandeur qu'il abhorre. Il ne peut donc pas se perdre par là et le Lieu Commun qui nous embarrasse a dû être mis en circulation par de très petits hommes qui voulaient en imposer.

XL. On n'est pas sur la terre pour s'amuser.

Pardon, voudriez-vous me dire pourquoi on y est, si ce n'est pas pour s'amuser. Serait-ce pour souffrir ?

Oui et non, mais il faut s'entendre. La parole du Bourgeois est à deux tranchants comme le glaive d'Aod, fils de Géra, troisième Juge en Israël. La souffrance est pour les autres et lui seul est sur la terre pour s'amuser. Aussitôt qu'on oublie cette loi, tout devient obscur.

Il est écrit dans l'Évangile qu'il y aura toujours des pauvres. Naturellement. Voudrait-on que le Bourgeois prît la peine de souffrir lui-même ? Et ce n'est pas assez d'avoir des larbins, il lui faut des esclaves, des malheureux dont il puisse exténuer les corps et flétrir les âmes. Le voilà son amusement ! Dégrader les âmes, les souiller, les désespérer… Quand le pauvre crie de douleur, cette consolation lui est offerte : « On n'est pas sur la terre pour s'amuser », et il croit être parmi les démons.

XLI. Je ne suis pas un saint.

Le Bourgeois n'oserait pas dire : « Je ne suis pas un homme de génie ». Comment ose-t-il dire : « Je ne suis pas un saint ? » Les deux choses doivent lui être également odieuses, puisqu'elles sont d'ordre absolu. Il est certain, cependant, que le soupçon de sainteté a quelque chose de plus lancinant pour l'amour-propre, de plus difficile à supporter. L'homme de génie, en effet, a des chances pour n'être pas indiscutablement et irréparablement un idiot ; le saint n'en a pas. C'est connu.

Mais il faut se rappeler que la langue du Bourgeois, étant exclusive de l'Absolu, doit fourmiller de surprises, de contradictions dans les termes, de non-sens, d'incohérences et de coq-à-l'âne, au milieu desquels il se débrouille très bien, paraît-il, mais qui doivent ahurir un étranger. Moi-même, qui m'efforce de jeter un peu de lumière dans ce gâchis, j'avoue que bien souvent je m'y perds et que je tombe, par l'effet de cette recherche, dans une espèce de coma dont mes amis sont alarmés.

Le moyen, par exemple, de concilier le désir si évident, si bourgeois et si raisonnable de n'être pas un saint, avec l'exigence habituelle de la sainteté chez les autres, particulièrement chez les inférieurs, car tel est le cas de ce Lieu Commun, très analogue au précédent. La sainteté est *pour les autres*, comme la souffrance.

Mais tout s'arrange. Le Bourgeois ne voulant pas et ne devant pas être un saint, il devient nécessaire que d'autres le soient à sa place, pour qu'il ait la paix, pour qu'il puisse digérer et roter en paix. C'est la religion à l'usage des domestiques préconisée par Voltaire, laquelle consiste à mettre son paquet sur le dos des autres.

On remarquera que je ne parle ici que du Bourgeois rudimentaire, du Bourgeois monopétale, si j'ose dire, celui qui « n'a rien contre Dieu » et qui ne pense qu'à ses tripes. Le Ricaneur, préjugeant l'hypocrisie de tout homme qui accomplit un acte religieux et s'efforçant de le poignarder de ce soupçon, sera l'objet d'une mention particulière.

Dans son célèbre *Voyage en Chine*, M. Huc explique la fréquence extrême du suicide chez les Chinois.

Dans les autres pays, dit-il, quand on veut assouvir sa vengeance sur un ennemi, on cherche à le tuer ; en Chine, c'est tout le contraire, on se tue soi-même. On est assuré de lui susciter, par ce moyen, une affaire horrible. Il tombe immédiatement entre les mains de la justice qui, tout au moins, le torture et le ruine complètement, si elle ne lui arrache pas la vie. La famille du suicidé obtient ordinairement, dans ces cas, des dédommagements et des indemnités considérables ; aussi il n'est pas rare de voir des malheureux, emportés par un atroce dévouement à leur famille, aller se donner stoïquement la mort chez des gens riches.

Cette page curieuse m'est revenue en songeant à mon bourgeois. Au point de vue strictement religieux, le refus ou l'absence du désir de la sainteté ne diffère pas du suicide, puisqu'on dehors de l'état des saints il n'y a, rigoureusement et en fin de compte, que l'état des morts, des vrais morts qui ont détesté leurs âmes, des morts éternels. Ceux-là se sont tués, eux aussi, dans le dessein de perdre leurs frères. L'homme qui dit *volontiers* : « Je ne suis pas un saint », accomplit spirituellement l'acte effroyable du Chinois désespéré. Mais comme il est dans les ténèbres, il croit n'enjamber qu'une marche et il enjambe l'abîme.

XLII. Je ne me fais pas meilleur que je ne suis.

Assez de blagues, Bourgeois ! Si tu n'es pas un saint, ce que j'accorde, l'humilité ne te convient pas. Il ne s'agit pas de te faire meilleur ni pire, mais d'être ce que tu es, simplement. Or tu es très bon, sans mérite et sans effort, par la seule excellence de ta nature. Un peu plus, tu serais trop bon. Tu donnerais ton argent à des poètes, qui sait ?

Laissons tout cela. En général, lorsque le Bourgeois déclare qu'il ne se fait pas meilleur qu'il n'est, on peut être sûr qu'il ne pourrait pas se rendre *pire*, quand même il le voudrait, et qu'il mijote, séance tenante, quelque rosserie.

— Tu es une vache ! gueulait un condamné à mort, s'adressant au bourreau qui se préparait à lui couper les cheveux.

— *Je ne me fais pas meilleur que je ne suis*, répondit, d'une voix très douce, l'exécuteur.

XLIII. La parole est d'argent, le silence est d'or.

En voilà un qui ne pourra jamais être compris. Le comble du ridicule serait d'espérer un seul auditeur en disant, par exemple, qu'au plus profond du Texte sacré, la Parole et l'Argent sont synonymes et que le Silence tout en or est une image de la Vie éternelle.

Ce serait demander la camisole de force que d'essayer d'avertir qu'il est dangereux de toucher à des Formes irritables et peut-être sans pardon, comme le génie de la fable allemande accourant, avec son redoutable pouvoir, au commandement d'un évocateur téméraire qui ne sait plus s'en débarrasser.

Je n'essaierai donc pas, me bornant à dire, sans espérance d'être entendu, que cet argent adoré pour lequel vit exclusivement le Bourgeois signifie — comment dirai-je ? — une Volonté mystérieuse dont l'énergie d'expansion est incalculable et qui, pourtant, n'est que la *monnaie* de l'Indicible désigné par ce Silence d'or, éternellement désirable, auquel sont si vainement conviés tous les bourgeois.

Lorsque le Seigneur dormant du Prophète-Roi se retournera sur son lit de siècles, il y aura un changement surnaturel analogue à celui du commencement de l'Ère chrétienne. On ne verra presque plus Jésus, la Parole semblera s'éteindre, la Prédication, autrefois apostolique, cessera ; cependant qu'à l'autre extrémité du ciel apparaîtra la prodigieuse Face d'or de Celui qui se nomme lui-même, inscrutablement, le Silence !…

Voilà ce que dit, sans le savoir, le percepteur de mon endroit, quand il aligne, dans ses imprenables tiroirs, les sonnantes espèces qu'il a raflées.

XLIV. J'ai bien gagné de me reposer.

M. Répandu est propriétaire et il le sait. Il sait même qu'il a la loi pour lui. Mais il tient à ignorer ses locataires, son médecin lui ayant interdit les émotions qui sont l'effet ordinaire des engueulades. Il souffre, paraît-il, du grand sympathique.

Pour échapper aux plaintes et réclamations, il a un gérant au cœur ferme, un ex-huissier ou clerc de notaire qui la connaît dans les coins et qu'il avantage d'un tant pour cent pour que tout aille sur des roulettes.

Cette gérance, d'ailleurs, n'est pas une sinécure, M. Répandu possédant plusieurs immeubles, presque tous habités par des ouvriers dont il faut, chaque samedi, attraper, pour ainsi dire, l'argent au vol. Il y a aussi, dans ces casernes, un assez bon nombre de filles aimables dont les rentrées sont incertaines et les amitiés ondoyantes. La collecte des loyers chez ces personnes est moins consolante que périlleuse.

— Je suis le propriétaire qui ne veut rien savoir, disait M. Répandu, après vérification des sommes, un jour que son gérant était venu chez lui avec quatre dents de moins et une gueule qui ressemblait à un paysage forestier de la fin d'octobre, *j'ai bien gagné de me reposer.*

Parole admirable ! On l'avait toujours vu se reposer, depuis environ trente ans que la bienheureuse mort de ses parents l'avait mis en possession de leur fortune, acquise, disait la rumeur, aux coins des bois. Une tentative de noce, vers son bel âge, avait dégoûté ce garçon qui, de très bonne heure, aima l'argent d'un chaste amour.

Devenu homme pratique, il ne voit dans les passions juvéniles ou séniles que ce qu'elles rapportent au philosophe qui sait en tirer parti. Il a même relevé de ses ruines, on peut le dire, et glorieusement restauré, un historique et centenaire lupanar du temps des derniers Capétiens dont le rendement apanagerait un fils de France. Cette besogne, pourtant, ne l'a pas courbatu, et, comme il parle sans cesse de son repos bien gagné, on est réduit à conjecturer Dieu sait quelles fatigues *antérieures* qui défient la mémoire des hommes.

— Votre Répandu, m'a dit, l'autre jour, un concentrateur, est simplement un fantôme. Ce qu'il nomme le repos, c'est la mort. Vous savez peut-être qu'il y a des gens qui paraissent vivre et qui sont en réalité des morts. C'est le cas de presque tous les vampires que vous appelez bourgeois. On les croit debout et gesticulant. Ils sont couchés et immobiles. On est persuadé qu'ils parlent ou, sivous voulez, qu'ils profèrent des sons et la vérité stricte, c'est qu'ils sont au-dessous du silence même, enfoncés dans la vase la plus épaisse du mauvais silence. Pour que se manifestât leur putréfaction certaine, leur puanteur effroyable, il suffirait d'une parole *simple*, dite par un vivant. Quand un individu vous parle de « repos gagné », croyez-moi, flairez-le avec la plus grande attention.

Mon interlocuteur avait raison. Il y a quelques jours à peine, j'eus affaire à un de ces morts qui ne parlait même pas de se reposer, tant il avait peur de se réveiller lui-même. Dès le premier mot j'eus devant moi et contre moi un volcan de pourriture, un Orénoque de sanie où je crus périr.

XLV. L'argent ne fait pas le bonheur, mais…

Lieu Commun de premier ordre et qui nécessite le confident de la tragédie antique. Il faut quelqu'un pour ajouter immédiatement :

« Mais il y contribue ». Alors c'est tout à fait beau.

Cette humble contribution, qui vient tempérer si heureusement la rudesse mélancolique d'un aveu qu'on pourrait prendre pour un blasphème, doit avoir une efficacité singulière. C'est comme du sucre sur la conscience ou de la pommade sur le cœur.

— Oui, c'est vrai, songe profondément le Bourgeois, l'argent ne fait pas le bonheur, surtout lorsqu'il est absent. Il le fait presque, sans doute, mais pas complètement. Quelque chose manque, tout le monde est forcé d'en convenir, et c'est l'occasion d'une tristesse infinie que d'être témoin de cette impuissance de l'argent qui devrait assurer la félicité de ceux qui l'adorent, puisqu'il est véritablement un Dieu.

J'ai fait remarquer plus d'une fois que ce métal, significativement *déprécié* à notre époque, est, dans le Saint Livre, une figure très identifiée du Verbe souffrant qui est la Seconde Personne de la Trinité divine, le Rédempteur. Dire qu'il ne fait pas le bonheur est donc, pour tout chrétien, une affirmation audacieuse jusqu'à l'impiété et, précisément, c'est un Lieu Commun de provenance chrétienne. J'en trouve la preuve dans cette atténuation d'un si beau style qui fait Dieu *contribuable* de l'allégresse des imbéciles.

Un païen dirait carrément : « C'est l'argent qui fait le bonheur » et il aurait effroyablement raison. Mais toi, sordide Bourgeois prétendu chrétien, sur qui meurent tous les symboles de la Vie divine, comme les perles sur un lépreux ; toi qui penses très certainement que la pièce de cent sous est béatifique, pourquoi mentir ? Que pourrais-tu craindre ?

Ton inintelligence des Assimilations prophétiques est insondable et ce n'est pas toi qui aurais peur, à force d'évoquer l'Argent, de voir paraître la sanglante Face !

XLVI. Rentrer dans son argent.

Après ce qui vient d'être dit, celui-ci a quelque chose d'ahurissant. Qu'est-ce, en effet, que rentrer, sinon entrer de nouveau dans quelque chose ou dans quelqu'un d'où on était sorti ? On rentre dans sa maison ou dans sa coquille ; on rentre à la caserne après une bordée, ce qui est plutôt embêtant ; on rentre même dans les lieux, un jour de médecine, presque aussitôt après en être sorti, si le besoin s'en fait sentir derechef. Enfin on rentre dans tout ce que vous voudrez, à condition, toutefois, que les réciproques et nécessaires égards qui se doivent de contenu à contenant soient observés.

Métaphoriquement, je conçois encore qu'on rentre dans l'ordre, dans son sujet, dans sa nature, etc., puisqu'on suppose toujours une chose enveloppante permettant l'exode et la réintégration. À l'extrême rigueur, j'admettrais même la rentrée dans le néant, ce qui semble dur.

Mais « rentrer dans son argent » est au-dessus de mes moyens. Il faudrait imaginer follement quelque chose comme un fleuve ou un océan d'argent où on pourrait prendre des bains à telle époque de l'année. On dirait la saison d'argent, comme on dit la saison de Trouville ou d'Evian. En ce cas, on pourrait tout aussi bien rentrer dans l'argent des autres que dans le sien. Or, il paraît que cela ne se fait pas et ne se dit pas.

Pourquoi ?

XLVII. Il faut que tout le monde vive.

Il serait puéril de demander ce que le Bourgeois entend par vivre. Les romanciers qu'il honore de sa confiance, naturalistes ou psychologues, ont suffisamment démontré que cela consiste à s'acquitter de toutes les fonctions digestives, dormitives ou génératives attribuées aux différentes espèces d'animaux, mais, par-dessus tout, à gagner beaucoup d'argent, — ce qui délimite essentiellement la nature humaine, en la séparant de celle des brutes.Longtemps même avant ces docteurs, il était admis qu'un homme qui fait habituellement de copieux repas est un bon vivant.

Cependant, *tout le monde*, c'est beaucoup. Ne suffit-il pas que le Bourgeois vive, le Bourgeois tout seul ?

Dans la langue religieuse, très différente de la sienne, le mot *vivre* a un autre sens, il le sait fort bien. Que peut lui faire cette anomalie ? Que des toqués ou des hystériques entreprennent de donner la joie à ce qu'ils nomment leurs âmes, en choisissant de crever de faim, cela les regarde ; mais qu'ils nous considèrent, nous autres Bourgeois, comme des charognes au dernier degré de putréfaction, c'est par trop comique. Sachez-le, une bonne fois, calotins et sacristains, nous sommes plus religieux que vous, et la preuve c'est que nous nous foutons du Royaume des Cieux et de la Vie éternelle !

XLVIII. Tous les chemins mènent à Rome.

Argument invincible en faveur de la rotondité de notre planète. S'il y avait un chemin qui ne menât pas à Rome je crois bien qu'il aurait la préférence, car enfin, Rome, c'est le Pape, n'est-ce pas ? Seulement il n'y en a point. Tous les chemins imaginables sont aiguillés sur Rome. Impossible d'échapper à ce terminus.

Par bonheur, on n'est pas forcé d'aller jusqu'au bout. Il y a la ressource de s'arrêter à un embranchement et d'enfiler un autre chemin qui mènera, lui aussi, à Rome, infailliblement, mais en passant par les Îles de la Société ou le Cap Nord, ce qui éloignera le danger. On pourra même voyager ainsi toute la vie et quadriller circulairement la planète autour du Pape immobile, sans inconvénient.

J'offre ce conseil aux touristes du meuble et de la charpente qui voudront se donner un peu d'agrément avec leurs épouses, dans la saison morte.

XLIX. Paris n'a pas été bâti en un jour.

C'est possible. Je ne sais pas combien de jours il a fallu pour bâtir une si grande ville, mais j'estime fort probable qu'il en a fallu plusieurs. Au surplus, cela n'importe pas le moins du monde.

Ce qui a de l'importance pour l'étude morale et philosophique du Bourgeois, c'est son désir, continuellement exprimé, sous cette forme, que Paris n'ait pas été bâti en un jour. Il y a là quelque chose qui le ronge. On pourrait croire que rien ne lui est plus indifférent. Eh ! bien, non. Si Paris avait été bâti en un seul jour, cet homme serait au désespoir. Il verrait là un attentat presque indicible au Terre à terre, au Petit à petit, à la Platitude !!! une espèce de miracle, enfin !

La vérité, pourtant, doit être dite. Paris, tel qu'il est aujourd'hui, avec son million de maisons, évidemment n'a pu être bâti en vingt-quatre heures, surtout si on tient compte de la statue de Gambetta et du Pont Alexandre III qui sont de ces chefs-d'œuvre qu'on ne bâcle pas.

Mais ce Paris immense a eu un commencement. Il y a eu un moment où rien n'existait en ce point-là sur les deux rives de la Seine et il y a eu un autre moment consécutif au premier, où quelque chose exista, un toit de jonc, une cabane quelconque faite pour durer. À ce moment précis, on peut dire et on doit dire que Paris était virtuellement, potentiellement et, par conséquent, tout à fait bâti. J'ajoute qu'il devait être bien plus beau, incomparablement, incommensurablement, inimaginablement plus beau. Mais comment me faire comprendre ?

L. La pluie et le beau temps.

La science météorologique a dû naître dans une boutique d'épicier. On sait l'exactitude scrupuleuse avec laquelle ces négociants estimables renseignent, chaque jour, sans acception de personnes, toutes leurs pratiques, sur l'état certain ou seulement probable de l'atmosphère. Rien ne leur échappe, ni un nuage, ni un rayon de soleil, ni une bise, ni un zéphyr, et tout le monde en profite à l'instant même.

Ce qui me subjugue, c'est la diligence et l'infatigabilité de ces informateurs bénévoles. Ils renseigneraient mille clients, ils renseigneraient le diable !

— Et avec cela ? disent-ils du fond d'un sourire. On a beau répondre avec impatience qu'on n'a plus besoin de rien. On a beau leur beugler ça, en s'accompagnant de gestes furieux : — Eh ! bien, ce sera pour la prochaine fois ! soupirent-ils, tout de même pleins d'amour, et ils vous reconduisent et vous gratifient, jusque sur le seuil, d'un dernier et, autant que possible, favorable pronostic.

La pluie et le beau temps sont la ressource universelle et qui jamais ne s'épuise. « Notre *conversation* est dans les cieux », a dit saint Paul. Parole étonnamment prophétique, vérifiable, trente millions de fois par jour, après dix-neuf siècles, non seulement chez l'épicier, mais chez tout bourgeois.

Il y en a qui parviennent à un très grand âge et qui meurent environnés de respect, au sein du gâtisme le plus avancé, sans avoir jamais parlé d'autre chose que de ce qui se passe dans le ciel.

LI. La crème des honnêtes gens.

Édouard avait soixante-quinze ans et Rosalie soixante-cinq. Mais leurs consciences étaient si pures qu'on les croyait jeunes. « Ils ne devaient rien à personne » ; ils « n'avaient jamais fait de tort à personne », et, par conséquent, « n'avaient rien à se reprocher ». On disait d'eux : *la crème des honnêtes gens*, pas moins, ce qui épuise tout simplement la louange humaine.

Édouard cachait sa source, comme le Nil. Il avouait seulement avoir été domestique, puis tenancier d'un hôtel garni à des époques et dans des quartiers inconnus. Il lui restait de ce passé une bonhomie essoufflée, une cordialité asthmatique et cette espèce de doléance marmiteuse de l'homme de bien qui se tâte l'échine en gémissant, comme n'en pouvant plus de rendre service et de s'immoler pour tout le monde.

Le clignement habituel dont il soulignait certains propos égrillards dont il voulait qu'on appréciât la finesse était accompagné d'un inexplicable remuement de grenouille, de bas en haut, sous la partie latérale de l'épiderme de sa vieille face, et le chantonnement catarrheux qui était avec tout cela complétait la physionomie de cet honnête homme qui aimait à s'entendre appeler *Monsieur* Édouard.

Rosalie ou Madame Édouard avait été, l'espace d'une génération, femme de chambre chez une marquise ; oui, ma chère, une vraie marquise qui était morte, hélas ! comme tout ce qui est bon, lui laissant des toilettes à la dernière mode du second empire et, je crois, aussi quelques écus, ce qui, ajouté à la *gratte* consciencieuse d'un quart de siècle, l'avait rendue un parti sortable dès quarante-cinq ans. Car ce fut à cet âge que l'heureux Édouard l'épousa, ayant su toucher son cœur avec sa figure de ruminant astucieux.

Extrêmement oraculaire et pleine à éclater de la sagesse des nations, elle ressemblait à une ancienne poule d'Henri IV ayant survécu à la monarchie. Elle tenait aussi de la marquise d'étonnants airs de haut en bas qui ne permettaient pas de la confondre avec le vulgaire, et le perron de quatre marches par lequel on entrait chez les époux avait été visiblement concerté pour l'ostentation de ses magnifiques manières.

Je n'ai pu savoir si l'ex-garno de Monsieur Édouard avait été tenu par cette grande dame ou si ce fut un épisode antérieur à leur mariage. Mais, dans le cas de l'affirmative, il est sûr que sa présence dut mettre un fameux ragoût dans les affaires et agrémenter d'un lyrisme d'aristocratie le monotone va-et-vient des cuvettes et des saladiers.

Amants tous deux de la nature, ils s'étaient enfin retirés un peu au delà des fortifications, sur la voie rôtie et médiocrement appienne d'un de nos cimetières suburbains. Ayant fendu en quatre une maison déjà minuscule et se serrant eux-mêmes, s'aplatissant comme des punaises, ils avaient pu arborer des locataires et réaliser ainsi leur plus beau rêve.

Mais, hélas ! il n'est donné à personne de monter plus haut que la pointe de la pyramide. Arrivé là, on ne peut plus que redescendre. Édouard et Rosalie étaient tombés sur un mauvais locataire…

Tout le monde sait qu'un mauvais locataire est celui qui ne paie pas exactement *un* de ses termes, en eût-il payé auparavant plusieurs centaines, eût-il sauvé la patrie trente ou quarante fois. La grammaire latine elle-même n'insinue-t-elle pas qu'Aristide fut un mauvais locataire, puisqu'il mourut pauvre ?

Bref, Monsieur Édouard avait loué, depuis déjà plusieurs années, la plus importante partie de sa maison à un *poète*. Vous avez bien lu, un poète. Seulement il avait été trompé de façon odieuse. Ce poète s'était dit *écrivain* et, naturellement, le père Édouard pénétré, mouillé de respect, s'était cru en présence d'un monsieur faisant des écritures, d'un expéditionnaire dans quelque bureau. Il avait tellement cru cela que, même la vue de plusieurs livres marqués du nom de ce prétendu calligraphe et la lecture de plusieurs articles de journaux où on le traitait d'obscure canaille et de fangeux imbécile — ce qui est pourtant l'estampille du génie — n'avait pu lui ouvrir les yeux !

Il ne fallut pas moins que la misère brusquement visible et l'impossibilité probable de payer un prochain terme pour l'opérer de ses écailles. Ce lui fut un rude coup. Le digne homme se mit à gueuler avec d'autant plus de véhémence que la femme de son locataire était dangereusement malade et avait besoin d'une immense paix. Sans doute, on ne lui devait rien encore, il n'aurait plus manqué que ça. Mais il avait beau être le plus *serviable* des hommes, il n'était pas de ceux qu'on foutait dedans, etc. On ne put se dispenser de jeter dehors cette crème de bourgeois que la seule peur de n'être pas payé faisait semblable à un possédé et qui hurlait comme un pourceau qu'on égorge.

Or, voici ce qui arriva sous mes yeux, exactement. La malade, assommée de cette scène, tomba dans un délire effrayant d'où on ne pensait pas qu'elle pût revenir. Plusieurs jours et plusieurs nuits, elle vit ce vieux et sa vieille massacrant des êtres humains et vendant leur chair à des restaurateurs ou des charcutiers. Ce fut une obsession continuelle, acharnée, d'une précision, d'une intensité, d'une insistance inouïes. On fut éclaboussé, jusqu'à la nausée et jusqu'à la corporelle horreur, du sang que versaient *spirituellement* ces propriétaires.

J'ai compris plus tard que cette malade, plus lucide que les clairvoyants, avait VU réellement le passé de ces serviteurs du Démon dans l'incommensurable cliché photographique dont l'univers est enveloppé. Seulement, par l'effet d'une transposition que je suis incapable d'expliquer ou de qualifier, mais dont la certitude est foudroyante, elle avait vu se réaliser objectivement, *dans leur forme vraie*, des pensées et des sentiments épouvantables.

ELLE AVAIT VU L'EAU DES LARMES CHANGÉE EN SANG !

Édouard et Rosalie ont été heureusement débarrassés de leur poète. Ils n'ont pas perdu un centime, et même ils ont eu l'habileté de rafler, au déménagement, quelques objets. Comment le ciel ne les aimerait-il pas ? Ils sont bien avec leur curé qui les propose en exemple et ils ne doivent rien à personne, pas même aux Trois Personnes qui sont en Dieu !

LII. L'honneur des familles.

Autrefois, lorsque l'abolition du sens des mots n'avait pas encore été promulguée, l'honneur d'une famille consistait à donner des Saints ou des Héros, tout au moins d'utiles serviteurs de la chose publique. Cela, qu'on fût riche ou pauvre, qu'on eût des ancêtres illustres ou qu'on n'en eût pas. Dans ce dernier cas, on montait simplement et naturellement dans l'aristocratie, par la seule nature des choses.

Aujourd'hui l'honneur des familles consiste uniquement, exclusivement, à échapper aux gendarmes.

Les bourgeois éclairés accordent quelquefois, après avoir demandé à réfléchir, que la pauvreté peut, dans un très-petit nombre de cas qu'ils se gardent bien de spécifier, n'être pas déshonorante, mais rien n'effacerait la honte d'une condamnation judiciaire, surtout en province.

Les Martyrs ont beau avoir leurs ossements sur les autels depuis des siècles, l'Église a beau carillonner leurs fêtes et les inonder de gloire, le Bourgeois plein de défiance voit en eux des maladroits qui se sont laissé pincer et qui ont un casier judiciaire. Une nièce de saint Laurent ne trouverait pas à se marier et un arrière petit cousin du Bon Larron n'obtiendrait jamais une place de douze cents francs dans une administration.

La répugnance du Bourgeois pour le Christianisme tient en grande partie à ses sentiments d'honneur, — on ne l'a pas assez dit. Il n'arrive pas à s'arranger d'une religion dont le « fondateur », après avoir subi une peine infamante, est ressuscité, le troisième jour, pour aggraver éternellement le déshonneur de sa famille.

LIII. Les devoirs du monde.

« Ego non sum de hoc mundo ». Je ne suis pas de ce monde. *Jésus Christ n'était pas* HOMME DU MONDE. C'est lui-même qui l'a déclaré. Donc il y a des devoirs en dehors de lui et, par conséquent, opposés à lui, qui se nomment les Devoirs du monde.

Il faut le savoir pour comprendre ce qu'il y a de longanimité miséricordieuse dans le sourire du Bourgeois écoutant, par exemple, un sermon sur le mépris des richesses ou la pureté chrétienne.

— J'aime mieux entendre ça que d'être sourd, semble-t-il dire avec bonhomie, en songeant à ses vrais devoirs qui sont de cracher à la Face du Sauveur et de le crucifier, chaque jour, après une Flagellation indicible.

LIV. L'habitude est une seconde nature.

« ... J'ai la peste ! Il n'est pas impossible que la peste soit la conséquence de Terreur et du mal ; vous le dites et je ne le nie pas. Il est certain que je suis sur la route de la mort ; il est possible que je sois sur la route de l'enfer, et que tout cela vienne de l'erreur. Il est vrai que je m'ennuie, que les sensations s'émoussent avec l'âge et que la mort viendra. Cette pensée est désagréable.

« Cependant, si Dieu me proposait de quitter un instant ces choses ennuyeuses, monotones, menteuses, mourantes et mortelles, qui me conduisent au désespoir présent et au désespoir éternel ; puis, de les échanger contre la Vie, la Joie et la Béatitude, je refuserais, je ne l'écouterais même pas. J'irais jouer un jeu qui m'ennuie et je lui dirais : va-t'en ! Va-t'en, maître de l'extase et propriétaire de la joie, va-t'en ! Va-t'en, soleil qui te lèves dans tes flots de pourpre et d'or ! Va-t'en, majesté ! Va-t'en, splendeur ! Va-t'en ! Va-t'en ! toi qui as sué le sang au jardin des Olives ! Va-t'en ! toi qui as été transfiguré sur le Thabor ! Va-t'en ! je vais au café, où je m'ennuie.

« Pourquoi y allez-vous ?

« Parce que j'en ai l'habitude. »

ERNEST HELLO. *L'Homme.* 1re édition, page 33.

LV. Où il y a de la gêne, il n'y a pas de plaisir.

Une nuit, Forain reçut une très-belle volée de coups de bâtons administrée sans erreur par deux estafiers au service d'une princesse offensée de la rue Pigalle. Le caricaturiste aimé des mufles avoua qu'il n'avait pas eu de plaisir et sa vie en dut être empoisonnée, car la vue d'une trique, même sur l'arbre, lui cause, m'a-t-on dit, un vif sentiment de gêne.

Il m'eût été difficile, en songeant à ce Lieu Commun, de ne pas me souvenir du personnage et de son aventure, qui a pu, d'ailleurs, se renouveler un assez grand nombre de fois, car elle remonte à plus de dix ans.

Mais l'exemple ne vaut rien. Les bourgeois ne sont pas régulièrement, invariablement rossés et il y a des commis-voyageurs ou des clercs d'huissier pour qui Forain est un grand artiste. C'est assez pour mon exégèse de faire observer que le mot *gêne*, dans ses deux sens de malaise douloureux ou de pénurie financière, est également exclusif de tout plaisir.

Par exemple, la sainte loi du divorce obtenue par un cocu préalable, avantagé d'une bosse de chameau de Tartarie, est venue tout à fait à point pour délivrer la joyeuse nation française de la gêne des indissolubles liens. Il est vrai que son effet se borne là et que les divorcés ne reçoivent pas d'argent pour faire la noce. Lacune fâcheuse qui sera certainement comblée, un de ces jours, par quelque législateur goitreux.

Inutile, n'est-ce pas ? de parler des chaussures trop étroites, ou des corsets aux baleines pénétrantes, ou des clous dans le derrière ou de toute autre péripétie s'opposant à la rigolade. Dans tous les cas imaginables, il faut le plaisir, à quelque prix que ce soit, et de la gêne il n'en faut jamais, dit le Prince de ce monde, père du Bourgeois, ennemi de la Rédemption par le Sacrifice.

LVI. Il n'y a pas de plaisir sans peine.

Sans peine pour les autres, bien entendu. Il serait un peu fort que le Bourgeois fût obligé d'acheter d'un déplaisir personnel un plaisir quelconque. Lieu Commun identique au précédent, toutes choses bien examinées. « Il n'y a pas de roses sans épines », disent aussi les jeunes personnes ambitieuses de s'exprimer de façon poétique et originale, ce qui ne signifie pas du tout qu'elles se résignent aux piqûres qu'on peut attraper en cueillant innocemment la reine des fleurs.

Le Bourgeois mâle et femelle ne saurait être compris tant qu'on ne se pénètre pas de cette idée qu'étant aujourd'hui le maître du monde, s'il y a quelque chose à souffrir, cela regarde ses esclaves, c'est-à-dire tous ceux qui ne sont pas bourgeois comme lui. Or, parmi ces esclaves à peu près sans nombre, il en est de volontaires. Il y a, si vous voulez, des Carmélites ou des Bénédictines, filles quelquefois poussées sur les monts de la plus haute aristocratie, qui ont librement choisi la vie la plus dure pour que le Bourgeois n'eût pas à souffrir *sur terre*, pour que cet effrayant avorton du Précieux Sang, qui n'a rien à espérer et qui ne veut rien espérer dans une autre vie, pût au moins jouir, en celle-ci, de la paix des brutes.

Il ignore tout cela, ai-je besoin de le dire ? et il ne le comprendrait pas, quand même un ange le lui expliquerait pendant un siècle. Toutefois, il le devine en une manière et jusqu'à un certain point. Une sorte de flair assimilable à l'instinct des animaux l'avertit qu'on travaille pour lui, qu'on prend de la peine pour lui et qu'ainsi s'accomplit une certaine *justice* qui le fera, un jour, hurler de terreur…

Quand il dit qu'il n'y a pas de plaisir sans peine, cela ressemble à l'ironie bête et légèrement affolée du mauvais soldat qui sent très bien que ses camarades ne se feront pas tuer éternellement pour lui.

LVII. On ne fait pas d'omelettes sans casser des œufs.

C'est en ces termes que le colossal Bourgeois Abdul-Hamid dut expliquer à son bon ami et loyal serviteur Hanotaux le massacre des deux ou trois cent mille chrétiens d'Arménie. Seulement, il ne l'invita pas à manger l'omelette.

Gabriel, congédié avec un maigre pourboire, se consola comme il put, ayant gratté quelques ronds, j'ose l'espérer, dans la casserole du ministère où ses passades — après Richelieu — firent tant d'honneur à la France.

Ayant fort connu cet homme d'État, je regarde même comme infiniment probable que son admiration pour le sultan ne fit qu'augmenter. Ses entrailles de fils de petits bourgeois de Saint-Quentin ont dû être plus que remuées par ce padischah, possesseur, assure-t-on, de plusieurs vingtaines de millions de rente et immolant à sa chiasse la population de cinquante villes !

Quand un bourgeois parle de casser des œufs pour faire une omelette, soyez sûr qu'il y a quelqu'un ou quelques-uns qui écopent terriblement et qu'il y a toujours un Hanotaux pour applaudir.

LVIII. Je n'ai pas de monnaie.

Telle est la réponse d'un gros individu reluisant à un malheureux qui implore cent sous après avoir inutilement demandé vingt francs. Il ne s'agit même pas d'une aumône. Le solliciteur est connu et il promet son travail. Que dis-je ? il l'a déjà donné, son travail, mais il n'a pas le moyen d'attendre l'époque fixée pour le règlement de son salaire.

Par malheur, le sollicité est un homme qui a des « principes arrêtés » et qui ne fait jamais d'avances d'argent. Ça, c'est invincible. On peut opérer un miracle, on ne surmonte pas un bourgeois de cette espèce. La rigidité d'un cadavre résiste moins à la Prière que la rigidité de ses principes.

Pourtant, comme l'insistance est extrême, que l'homme a l'air d'un désespéré et qu'on se trouve dans un endroit plutôt désert, il a renoncé provisoirement à parler de ses principes et se borne à répondre qu'il n'a pas de monnaie.

— Voulez-vous que je vous en fasse ? dit l'autre.

Proposition effrayante. Le Bourgeois croit entendre la voix d'un brigand qui le menace de mort. Une idée lui vient cependant. Il déclare son intention d'en faire lui-même au carrefour plein de lumières qu'on aperçoit au bout de l'avenue. Arrivé là avec son compagnon, il désigne celui-ci à deux sergots qui l'empoignent immédiatement.

Le malheureux couchera au poste, c'est sûr, et les pauvres petits qui attendent leur dîner s'en passeront en grinçant des dents, car cette chose effroyable existe. Celui qui n'a pas vu ni entendu les petits enfants *grincer des dents* ne connaît pas le fond de la douleur humaine.

L'homme juste, délivré et content de lui, prend une voiture et s'en va faire sa monnaie dans un restaurant de nuit. Tout est donc très-bien. Mais voici une autre affaire. Cette nuit même, pendant qu'il ribote, ses immenses chantiers s'allument et, demain, les journaux estimeront la perte à six cent mille francs.

Que penser de cela ? Serait-ce qu'il y a des paroles qui incendient *toutes seules*, sans qu'intervienne une main visible ? L'homme au désespoir est sous clef et ses petits se tordent de faim dans les ténèbres en pleurant et grinçant des dents. Ce n'est toujours pas ceux-là qu'on accusera d'avoir fait le coup. L'homme aux principes arrêtés ferait bien tout de même d'avoir de la monnaie, à l'avenir. On ne sait pas. Dieu a des déguisements et le Feu prend bien des formes. C'est un Vagabond qui fait ce qu'il veut, sans qu'on sache d'où il vient ni où il va. Quelquefois, il tombe du ciel, comme on l'a vu pour Sodome — perpendiculairement.

LIX. Je pourrais être votre père.

Ne serait ce pas le plus bizarre de tous les Lieux Communs ?

Pour entrevoir ce qu'il a d'énorme, qu'on essaie de se représenter un vieux juif prévaricateur et plein d'ordures, disant à Jésus : « Je pourrais être votre père ».

— *J'étais avant Abraham…* répond Celui par qui tout a été fait.

Cette parole de l'Évangile dans la bouche d'un Homme de trente ans qui ressuscitait les morts, en attendant de ressusciter lui-même, fait peu d'impression sur les âmes cyclistes du vingtième siècle. Mais les gens d'alors qui se tenaient debout pour voir le Maître et qui allaient sur leurs pieds, durent la trouver bien inouïe.

C'est qu'à ce moment l'idée de *paternité* transférée de l'Homme à Dieu et du Temps à l'Éternité apparaissait tout à coup presque inaccessible. Abraham avait beau garder son nom, on ne savait plus qui était le père, de celui qui avait engendré ou de celui qui avait été engendré. Et cette incertitude seule déplaça tellement l'humanité que le christianisme devint possible. *Pater noster.*

Aujourd'hui qu'on est des chrétiens depuis tant de générations — et quels horribles chrétiens ! — c'est ahurissant d'entendre un être prétendu raisonnable et baptisé au Nom des Trois Personnes, dire, fût-ce à un enfant et fût-il lui-même chargé de siècles : « Je pourrais être votre père », en vue d'exprimer une différence d'âge, tout bêtement, — comme si on pouvait jamais savoir à qui on parle, qui on est soi-même et comme si ce *conditionnel* étonnant pouvait avoir une signification quelconque, sinon celle-ci :

— C'est moi qui suis le Bon Dieu, moi qui vous parle, et vous ne vous en doutez pas !

LX. On ne meurt qu'une fois.

Autant dire qu'on ne vit qu'une fois et c'est déjà trop quand on est un imbécile ou un malfaisant, ce qui ne peut jamais être — faut-il sans cesse le redire ? — le cas du Bourgeois.

Ce serait intéressant, tout de même, de savoir ce qu'il entend par *mourir*, une ou plusieurs fois. J'ai déjà demandé ce qu'il pouvait bien entendre par le mot *vivre*, et la réponse a été si peu satisfaisante que je suis découragé. Le Bourgeois est un malin qui ne dit que ce qu'il veut. Il ne faut pas se plaindre que ce marié est trop beau.

Une seule chose — oh ! une chose de rien du tout — me paraît claire. C'est qu'il ne veut absolument pas marcher avec l'Apocalypse, laquelle parle d'une « seconde mort ». Mais tout le monde sait ce qu'il faut penser de l'Apocalypse. On en a trop de toutes ces histoires d'étang de feu, de pluie de soufre, de sauterelles et de scorpions, du puits de l'abîme et de la Bête aux dix cornes.

Voltaire, qu'on ne lit plus assez, aujourd'hui, a répondu victorieusement à tout cela et à beaucoup d'autres choses dans son immortel *Dictionnaire philosophique*. Avec une inconcevable noblesse de langage, il y explique le génie et, en général, toutes les manifestations de l'âme humaine, qu'on croyait auparavant l'effet d'un souffle inspirateur, par l'extrême difficulté de faire caca. Un efficace purgatif, et Napoléon devient immédiatement un imbécile. Plongezvous dans les foirades de Voltaire qui n'était pas constipé, lui, je vous en réponds, et vous verrez si ce n'est pas mourir deux fois.

Post-scriptum. — Il est utile de rappeler que Voltaire n'était pas un scatologue.

LXI. Il est bienheureux, il ne souffre plus.

La Sacrée Congrégation des Rites, un des ulcères les plus noirs au flanc de la Papauté, exige coutumièrement des sommes immenses. Un procès en béatification coûte dans les deux cent mille francs.

Le Bourgeois est béatifié pour rien. Aussitôt qu'il commence à puer, les parents et amis déclarent qu'il est bienheureux, tout simplement. C'est vrai qu'on ne le met pas sur les autels, mais il n'y tient pas. L'essentiel, pour lui, c'est d'être bienheureux, c'est-à-dire de ne plus souffrir dans sa viande, car, pour ce qui est de l'âme, il ne l'a jamais sentie.

Et voilà tout, le procès est fini. Pas d'enquête sur les vertus du défunt, non plus que sur ses miracles. Nul besoin d'offrandes, ni de cadeaux coûteux, ni de bulles papales. Le premier voisin remplace très avantageusement promoteur, juges, cardinaux et Souverain Pontife. Quand il a prononcé la formule, il est clair que tout va bien et que le décédé n'a plus rien à craindre.

Le « progrès de la science », d'ailleurs, est venu en aide aux morts, en les délivrant des affres de l'inhumation prématurée. Le four crématoire, plus rassurant que le *Requiem*, est autrement expéditif. Autrefois, on craignait de se réveiller dans la main du Juge terrible. On tremble, aujourd'hui, de se réveiller dans la fosse, entre les quatre planches d'une bière. Dans l'ancienne peur, on ne finissait pas de prier ; dans le trac moderne, on est réglé subito.

Les employés fourrent vos cendres, mêlées, je pense, d'escarbilles et de mâchefer, dans une urne inconsolablement étiquetée, sur les flancs de laquelleil est parlé, quelquefois, de *se revoir*. Alors, on « n'a plus besoin de rien », on ne souffre plus, on est « bienheureux ».

LXII. Il ne s'est pas senti mourir.

Eh bien ! ce n'est pas encore assez pour le Bourgeois de ne plus souffrir après la mort. Il tient à ne pas souffrir *pendant*. S'il lui était permis d'avoir du style, il ferait volontiers comme cette dame du dix-huitième siècle qui se soûla pour mourir. J'ignore jusqu'à quel point cette ivresse fut consolante et comment elle se put combiner avec les paniques appels du Souterrain. Mais l'expédient peut toujours être proposé.

De quoi s'agit-il, en somme, dans tout ce que fait ou veut le Bourgeois, sinon de démentir la Parole de Dieu ou de son Église ? « De la mort subite et imprévue, délivre-nous, Seigneur », dit celleci, dans ses grandes Litanies. Par conséquent, le contraire est désirable et doit toujours être espéré, sinon demandé. Car tel est le grand Arcane du Bourgeois, le secret de sa force, l'espèce de réaction organique par quoi est déterminé son parfum.

Il tient donc absolument à ne pas souffrir en crevant. Pourquoi sortir avec douleur d'une vie faite, en somme, pour qu'on en jouisse jusqu'au dernier soupir inclusivement et qui devrait être une « si charmante promenade », comme disait Renan, le philosophe entripaillé qui eut une si belle fin, — étant mort, un beau jour, tout à fait sous lui, en se vidant de son âme ?

LXIII. On dirait qu'il dort.

Il est sans exemple qu'un pauvre corps exposé, que ce soit celui d'un bourgeois ou d'un héros, ait échappé à ce Lieu Commun. Ce n'est pas assez de mourir, il faut encore passer par là. Combien de fois et avec quelles crispations l'ai-je entendu !

Mais, ô Dieu ! quel sommeil ! J'en ai vu de ces cadavres gras et terreux et sombres, paraissant amalgamés déjà, qui étaient terribles et lamentables comme la Sottise morte.

J'en ai vu d'autres, des « bienheureux » probablement, à qui le travail de l'agonie avait restitué leur caractère de bêtes, plus ou moins caché toute la vie par les inutiles mouvements de leurs âmes. Il y en avait qui ressemblaient à des chevaux, à des loups, à des cochons, à des crocodiles, à des singes, à je ne sais quels animaux de cauchemar. L'un d'eux, j'ose à peine l'écrire, ressemblait monstrueusement à une punaise.

J'ai vu le corps d'un grand poète qui était mort en pleurant et sur le visage de qui les larmes avaient laissé une double trace.

J'ai vu celui d'un petit enfant semblable à un capitaine des anges qui aurait eu la permission de mourir et qui, les poings fermés et la bouche close, avait l'air d'attendre résolument qu'on l'appelât.

Enfin, j'ai gardé le souvenir effrayant de ce soldat allemand mort en un coin de champ de bataille, en 1870. Il n'était pas tombé, parce qu'on l'avait cloué d'un formidable coup de baïonnette à une porte d'étable. L'arme, très profondément enfoncée dans le bois, après avoir traversé la poitrine de l'homme, n'avait pu en être arrachée, et le meurtrier s'était borné à dégager le canon de son fusil, laissant la victime agoniser comme un chat-huant. Je n'oublierai jamais l'expression d'horreur, d'épouvante et de désespoir de cette face.

Un jour, un jeune bourgeois me montra son beau-père étendu depuis plusieurs heures et environné de tout l'appareil funèbre. Les lettres de faire part avaient été envoyées, toutes les mesures étaient prises, l'enterrement devait avoir lieu le lendemain.

C'était un vieil officier retraité de la bonne époque, un digne et naïf bonhomme que j'aimais pour sa bêtise presque autant que pour sa droiture.

— N'est-ce pas, me dit le gendre, qu'il a l'air de dormir ?

J'eus envie de souffleter cet imbécile, mais, l'ayant regardé avec attention, je compris que je me trouvais en présence d'une espèce de démon. Sa joie d'hériter de quelques sous éclatait, malgré ses efforts. « Quand on est crevé, c'est pour longtemps », pensait-il, sans doute.

Ayant récité intérieurement un *De profundis*, j'allais fuir pour échapper à ce vivant, lorsque le mort porta la main à son front et ouvrit les yeux…

Avec un sang-froid qui m'étonne quand j'y pense, je me précipitai, j'éteignis les cierges et je fis tout disparaître en un clin d'œil. Puis, me tournant vers le gendre qui venait de pousser un cri et dont la basse gueule figée me parut d'un citoyen de l'enfer :

— Allez chercher votre femme, lui dis-je ; vous voyez bien qu'il a cessé de dormir.

LXIV. Elle est morte comme une sainte.

« Le matin du 26 octobre, le Pèlerin la trouva toute terrifiée et toute bouleversée : « J'ai eu cette nuit, dit-elle, une effrayante vision qu'encore maintenant je ne puis chasser de mon esprit. Comme je priais hier soir pour les mourants, je fus conduite près d'une femme assez riche, et j'eus la douleur de voir qu'elle allait se damner. Je luttai avec Satan devant son lit, mais sans succès : il me repoussa ; il était trop tard. Je ne puis dire quel fut mon désespoir quand il enleva cette âme et qu'il laissa là ce corps courbé en deux et aussi repoussant pour moi qu'une charogne. Je ne pus m'en approcher, je ne le vis que de haut et de loin. Il y avait là aussi des anges qui regardaient.

» Cette femme avait un mari et des enfants. Elle passait pour une très bonne personne et vivait à la mode du monde. Elle avait un commerce illicite avec un prêtre, et c'était là un vieux péché d'habitude qu'elle n'avait jamais confessé. Elle avait reçu tous les sacrements : on parlait de sa belle contenance et on la disait bien préparée. Elle était pourtant dans l'angoisse à cause du péché qu'elle avait tenu secret.

» Alors le diable lui envoya une misérable vieille femme, son amie, à laquelle elle s'ouvrit sur ses inquiétudes. Mais celle-ci l'exhorta à chasser ces pensées et à ne pas faire du scandale ; elle lui dit qu'il fallait se tenir en repos quant aux choses passées, qu'elle ne devait plus se tourmenter maintenant qu'elle avait reçu les sacrements et édifié tout le monde, qu'elle ne devait pas exciter des soupçons, mais s'en aller en paix à Dieu. Puis la vieille femme ordonna qu'on la laissât seule et en repos.

» Mais la malheureuse, si voisine de la mort, avait encore l'imagination pleine de désirs qui la portaient vers le prêtre complice de son péché. Et, lorsque je l'abordai, je trouvai Satan sous la figure de ce prêtre qui priait devant elle. Elle-même ne priait pas, car elle agonisait, pleine de mauvaises pensées. Le Maudit lui lisait les psaumes ; il lui citait, entre autres, ces paroles : *Qu'Israël espère dans le Seigneur, car en lui est la miséricorde et la rédemption surabondante*, etc., etc. Il fut furieux contre moi. Je lui dis de faire une croix sur la bouche de la mourante, mais il ne le put pas. Tous mes efforts furent inutiles : il était trop tard, on ne pouvait arriver jusqu'à elle ; elle mourut.

» Ce fut quelque chose d'horrible quand Satan emmena son âme. Je pleurai et je criai. La misérable vieille femme revint, consola les parents qui étaient là et parla de la belle mort de son amie. Lorsque je m'en allai, en passant sur un pont qui était dans la ville, je rencontrai encore quelques personnes qui allaient chez elle. Je me dis : « Ah ! si vous aviez vu ce que j'ai vu, vous vous enfuiriez loin d'elle ! » Je suis encore toute malade et je tremble de tous mes membres. »

Cette page est empruntée au 3ᵉ volume de l'incomparable *Vie d'Anne-Catherine Emmerich*, la voyante stigmatisée de Dulmen, par le Père Schmœger, de la congrégation des Rédemptoristes.

LXV. On doit le respect aux morts.

Il est inutile de respecter les vivants, à moins qu'ils ne soient les plus forts. Dans ce cas, l'expérience conseille plutôt de lécher leurs bottes, fussent-elles merdeuses. Mais les morts doivent toujours être respectés.

À l'exception des artistes et des poètes, pour qui la mort ne saurait être une excuse, les plus atroces criminels ont droit à des égards et même à une certaine vénération, lorsqu'ils ont cessé de vivre. Pourquoi ? Serait-ce parce qu'ils sont devenus des « bienheureux » ? Réponse trop facile. Cherchons un peu dans la profondeur.

J'ai dit, en commençant cette Exégèse, que le Bourgeois profère sans cesse, et tout à fait à son insu, des paroles absolument excessives, capables d'ébranler le monde. Dieu sait pourtant que telle n'est pas son intention. Mais il en est ainsi et c'est dans l'espérance de le démontrer que j'ai entrepris ce travail.

Pourquoi donc, encore une fois, le Bourgeois affirme-t-il avec tant d'obstination qu'on doit le respect aux morts, sinon, peut-être, parce que, ne démêlant pas très bien la mort de la vie, comme j'ai dit plus haut, un pressentiment obscur l'avertit de le revendiquer, ce respect, pour lui-même et pour ses semblables qui sont, avec leurs grands airs de vivre, les vrais morts et les morts d'entre les morts ?

LXVI. Les morts ne peuvent pas se défendre.

Quelle bêtise ou quelle hypocrisie ! Comment donc ! mais ils se défendent précisément par le respect qui leur est dû et qui ne permet pas qu'on les touche. Imagine-t-on une meilleure défense ? Elle est d'autant plus sûre qu'une incertitude continuelle plane sur eux. Ils ont si souvent, je ne me lasse pas de le répéter, l'air de vivre, et on les enterre d'une si drôle de façon !… Essayez, par exemple, de pisser contre la statue de Gambetta et vous verrez sur-le-champ s'épaissir, se coaguler, se condenser et finalement apparaître, sous la forme de la répression la plus exaltée, toutes les sales ombres intéressées au prestige de cette abominable charogne. J'appelle ça se défendre.

Les morts se défendent si bien qu'il n'y a plus moyen de vivre. Sous prétexte d'encaisser le respect auquel ils prétendent avoir droit, ils remplissent les villes et jusqu'aux villages de leurs effigies. Bientôt, sans doute, ils envahiront les demeures des citoyens et je me verrai forcé, sous des peines graves, moi qui vous parle, de pendre, un jour, à mes murs les néfastes gueules d'Édouard Drumont, du docteur Maurice Peignecul ou d'Émile Zola dit le *Crétin des Pyrénées*.

LXVII. Je ne suis pas un domestique

ou

Quand on nourrit.

J'étais impatient d'y venir. C'est à ce Lieu Commun que viennent aboutir tous les filaments, toutes les filandres de pensées ou de sentiments dont se constitue l'âme du Bourgeois pauvre. C'est à ce signe qu'on peut reconnaître le monstre. Car il existe, sorti de la vase, lui aussi, pour dévorer le Bourgeois riche, aussitôt que prendra fin la septième année d'abondance.

Il a le genre de laideur de Barrès auquel il ressemble avec addition de crasse. Bonne éducation belge et muflisme aigu. En outre, prétentions à la pensée et à une sorte d'omniscience. On est informé tout de suite qu'il sait assez de grec pour traduire au besoin le code civil ou la table des logarithmes en vers asclépiades ou choliambiques. Il ne sait pas moins d'hébreu et le syriaque n'a guère de secrets pour lui. Quant au sanscrit, c'est plutôt sa langue. Il ne fait, d'ailleurs, aucun usage de ces connaissances précieuses et on s'en étonne. Mais il ne veut pas éblouir, c'est assez qu'on sache qu'il les possède.

Les ongles, extraordinairement longs et taillés en griffes d'albatros, font un étrange contraste avec la lèvre toujours pendante, la face livide et les yeux cuits. Un ami m'avait pourtant conseillé de me défier des individus qui ont la bouche pourrie et les pieds sales, ce qui est aussi le cas. J'eus le tort de ne pas écouter cet avertissement prophétique. Le nom seul d'Edgar n'aurait-il pas dû me mettre en défiance ?

Que voulez-vous ? Je croyais lui devoir quelque chose et je poussai l'imprudence jusqu'à lui offrir l'hospitalité dans ma maison, le sachant fort menacé. Lorsqu'il voulut bien me faire entendre qu'il n'était pas un domestique, ce qui ne tarda guère, je compris l'énormité de ma sottise. Mais il était trop tard.

Puis, que dirai-je encore ? Il y avait la simagrée religieuse… Cet homme libre, imitateur et transcripteur infatigable d'un écrivain trop connu, était plein de textes et d'élans. Enfin ne l'ayant jamais *vu*, j'ignorais les décourageants effets de sa devanture. Que cela, surtout, me soit une excuse.

Il avait, hélas ! une compagne qui répondait au nom de Raphaële et même un petit enfant, malheureux être voué, j'en ai peur, à une éducation homicide. Cette mère, une blondasse flamande à chair molle et blanche sous une peau sale, aux yeux couleur de poussière, au regard fuyant, à la bouche hermétique d'une avaricieuse impressionnée par le cul-de-poule de la Joconde, était, je pense, plus odieuse encore que son mari.

Lui, du moins, ne *nourrissait* pas. Il se contentait d'être nourri et d'avoir une plume, car il se vante sans cesse d'avoir une plume, une pauvre diablesse de vieille plume ramassée dans l'ordure de mon plumier et qu'il espère utiliser contre moi.

Mais elle, ah ! justes cieux ! elle était de ces femmes à qui le fait de donner à téter confère un grade élevé dans l'admiration des hommes. Dépoitraillée, languissante, l'âme en pantoufles, elle se traînait suavement, du matin au soir, ayant à peine la force de réclamer, d'une voix exténuée par le prodige de son insurpassable dignité, les attentions et révérences qui lui étaient dues.

Le comble de l'injure eût été de lui proposer quelque chose à faire. — Oubliez-vous que je nourris ? Me prenez-vous pour une domestique ? se serait écriée cette chambrière immobile harnachée d'un époux savant. L'idée seule en paraissait monstrueuse et n'aurait eu d'équivalent que l'action folle de porter à cuire des pois cassés devant le Saint Sacrement.

Je n'essaierai pas de peindre les extases d'Edgar. Il n'en revenait pas d'avoir une femme qui nourrissait, regardant ça, toute la journée, de sa lèvre pendante et s'indignant avec lyrisme de ne pas voir affluer pour elle et surtout pour lui les viandes rares et les succulents morceaux qu'il avait espéré trouver sur ma table. Car cet helléniste engouffrait comme dans Homère.

J'ai gardé et rempli, trois mois, ce gracieux couple. Dès la première semaine, pourtant, j'en avais assez. Mais c'était l'hiver. Ma femme, qui avait à gagner les calomnies horribles dont on l'abreuva plus tard, me supplia de prendre patience et nous eûmes pitié de l'enfant. À la fin, Dieu se souvint de nous et un double miracle fut accompli. Les vermines ayant cru trouver mieux nous délivrèrent et un subside me tomba du ciel pour payer l'énorme dépense.

Le mois dernier, Edgar, que je croyais dans les profondeurs du nadir, reparut pour me taper — *au Nom de Marie !* — d'une forte somme. Tout le monde sait que je suis un mendiant et on en abuse. L'expression de ma surprise et l'aveu de mon impuissance me valurent aussitôt une lettre goujate que je garde comme un document précieux pour servir à l'histoire du Bourgeois pauvre au commencement du vingtième siècle.

Mépriser le pain dont on s'est gavé à la table des indigents et leur expédier, en retour, un flot d'ordures où le nom de Dieu est pieusement invoqué à chaque minute ; être appareillé d'une idiote qui accomplit cet acte sublime de nourrir et, avec tout cela, pousser l'héroïsme jusqu'à n'être pas un domestique, lorsqu'on est si saintement outillé pour vider des pots de chambre et les rincer avec attention ; telles sont les grandes lignes de ce dévorant de ton espèce qui te menace, ô Bourgeois riche, et qui vient du Brabant pour t'engloutir.[1]

LXVIII. Je n'ai besoin de personne.

Donc, je suis Dieu. Il est remarquable que telle est la conclusion *nécessaire* de presque toute parole bourgeoise. Je l'ai fait observer plus d'une fois. Les Lieux Communs entrent ainsi les uns dans les autres, comme les tubes d'un télescope ou comme les wagons d'un train rapide tamponné par un train de marchandises. C'est amusant pour le spectateur, mais fastidieux à la longue.

Le rabâchage est l'écueil à peu près inévitable d'un livre de ce genre. J'espère, cependant, que la force me sera donnée d'aller jusqu'au bout. N'ayant pas l'honneur d'être bourgeois, il ne me coûte rien d'avouer que j'ai besoin de tout le monde, à commencer précisément par le Bourgeois qui me fournit ma matière, et qui, appartenant tout de même à notre ondoyante espèce, récompense de quelque diversité l'observateur attentif.

LXIX. Les grandes douleurs sont muettes.

Ce qui veut dire que le silence de M. Ignibus, chapelier célèbre qui vient d'enterrer sa femme dans un cimetière de banlieue, après l'avoir empoisonnée avec de la raclure de sombrero, exprime une

1 Voir *le Fils de Louis XVI*, chap. x, où j'ai traité à fond cette question grave de la *Domesticité*.

bien plus grande douleur que les *Lamentations* de Jérémie qui n'ont pas moins de cent cinquante Versets, hauts comme ces monts bibliques sur la cime de chacun desquels rugit un lion.

Cela ne fait pas l'ombre d'un doute. Le Bourgeois qui se connaît en douleur, on peut en répondre, nul mieux que lui ne sachant l'infliger aux autres, n'aime pas les grandes larmes qui font peur, et les aboiements des Hécubes ne lui plaisent pas. C'est un homme simple.

Il peut lui arriver aussi bien qu'au premier venu d'être un imbécile ou une canaille. C'est la fragilité humaine. Mais sa douleur, à lui, ne peut être que grande et muette. Pas moyen de sortir de là. Essayez de vous représenter un fabricant de tubes en caoutchouc, un constructeur de ressorts à boudin pour les sommiers élastiques, un gommeur de papier à lettres, un agent voyer de première classe ou bien un architecte vérificateur poussant des cris effroyables et dégainant le lyrisme d'un Sophocle pour déplorer le trépas d'une personne de sa famille !

LXX. « Quo vadis ? »

Intercalons ici rapidement ce Lieu Commun littéraire qui n'existera plus demain, mais qui sévit avec tant de rage depuis tant de mois. Oh ! je n'ai pas l'intention de parler de ce livre sot, si durement condamné par son succès même et qu'admirent, avec unanimité, catholiques et protestants, ce qui est, intellectuellement, la honte des hontes. On a vu des curés le citer en chaire !…

Je n'ai voulu que raconter une anecdote. Voici. L'autre jour, à la gare de Lagny, deux ecclésiastiques appartenant, j'aime à le croire, à l'intelligent diocèse de Meaux, se hâtaient devant moi. L'un d'eux, plus pressé, se précipita, tout à coup, vers un urinoir. — *Quo vadis ?* lui cria son confrère. Je n'entendis pas la réponse, qui m'était, d'ailleurs, bien indifférente.

LXXI. La plus jolie fille du monde ne peut donner que ce qu'elle a.

On était aux environs de Sully-sur-Loire, talonné par les Allemands. L'armée française, victorieuse il y avait si peu de jours, s'émiettait sur toutes les routes. Débâcle immense. Le froid était terrible, désespérant.

Quatre jeunes hommes appartenant à je ne sais quel régiment de ligne arrivèrent comme des loups, un triste soir, dans une maison isolée, tout près des bois. Ils ne savaient plus où était leur colonne et, pour tout dire, ne tenaient pas à le savoir, étant tombés, à force de fatigue, de froid et de faim, dans un découragement complet. Manger n'importe quoi et dormir dans un endroit chaud, telle était désormais leur ambition unique, leur fin dernière.

Malheureusement, la maison dans laquelle ils venaient d'entrer et dont ils n'avaient eu qu'à pousser la porte ne leur parut pas l'endroit rêvé. Il leur sembla qu'il y faisait plus froid qu'au dehors et l'examen le plus minutieux ne leur fit pas découvrir une croûte de pain, ni une tranche de lard, ni une pomme de terre, ni une bouteille de vin, ni quoi que ce fût de potable ou de comestible. Le gîte était visiblement abandonné depuis des semaines.

Cette recherche, il est vrai, se fit misérablement avec quelques allumettes et un bout de bougie. Aucune espérance d'avoir du feu, le bois et le charbon étant aussi introuvables que les provisions de bouche, et ils étaient sans outils pour dépecer les boiseries. Un moment ils pensèrent à brûler la maison elle-même, mais ils s'avisèrent presque aussitôt qu'il n'y a rien qui chauffe aussi mal qu'un incendie et qu'après tout, l'abri tel quel de cette bicoque valait mieux que le spectacle des constellations. Puis, il était prudent de ne pas se faire tropremarquer. On ne savait pas qui était dans le voisinage. Mourants de lassitude et plus affamés que jamais, ils se couchèrent enfin sur de vieux matelas qui avaient la consistance des meules et tâchèrent de s'endormir.

Ce mauvais repos ne dura pas longtemps. La porte, qu'ils n'avaient pas eu la précaution de refermer au verrou, se rouvrit avec violence et donna passage à trois grands diables de francs-tireurs que poursuivait à quelque distance une patrouille bavaroise commandée par un officier d'une physionomie abominable qui dardait sur eux le rayon jaune de sa lanterne. Une volée de coups de fusils salua leur disparition dans la forteresse. Les dormeurs s'étant dressés en un clin d'œil, la porte se trouva refermée, verrouillée, barricadée instantanément.

Léon Bloy

Jusqu'au petit jour, long à venir, on laissa tranquilles ces sept hommes qui eurent le temps de faire connaissance et qui n'avaient pas moins faim les uns que les autres. L'aube frissonnante luisait à peine que le siège commença.

Les pauvres garçons essayèrent de se défendre, mais que pouvaient-ils contre une multitude ? Leur asile fut bientôt forcé. L'un des francs-tireurs eut assez la protection des saints anges pour qu'on l'éventrât, les armes à la main. Les autres, poussés dans un espace trop étroit et, d'ailleurs, exténués de misères, se laissèrent prendre. Leur compte fut bientôt réglé. Les Prussiens avaient peu d'égards pour les francs-tireurs ou les combattants isolés et la fusillade, en ces temps-là, répondait à tout.

Voici donc, simplement, ce qui arriva. Au dernier moment, le plus jeune de ces malheureux demanda pour toute grâce la faveur de *manger un morceau de pain* avant de mourir. Le chef prussien, personnage d'une laideur atroce je l'ai dit tout à l'heure, voulant prouver qu'il avait du moins de l'esprit, et même de l'esprit français, montra de la main les fusils du peloton d'exécution et dit ces mots, immédiatement suivis du signal de mort :

— La blis chôlie fille ti monte né beut tonner qué ce qu'elle a…

Quand un bourgeois me parle de la plus jolie fille du monde, je pense qu'on ne sait pas ce que c'est que la mort et que ce pauvre enfant a peut-être encore faim depuis trente ans.

LXXII. À l'impossible nul n'est tenu.

Napoléon, le plus grand lanceur de Lieux Communs qu'il y ait eu, a déclaré que le mot *impossible* n'était pas français. La génération présente, beaucoup moins épique, a un dictionnaire plus étendu. Au contraire de ce qui se passait en 1806 ou 1809, plusieurs choses, aujourd'hui, sont devenues impossibles. Mais en est-il une seule qui le puisse être autant que de donner de l'argent à n'importe qui pour n'importe quoi ? Même les concupiscents déchaînés reculent à l'idée de faire passer dans d'autres mains ce qu'ils ont reçu pour la vendition de leur Sauveur.

J'espère qu'on me saura gré de l'anecdote absolument inconnue que voici :

Il y a vingt ou vingt-cinq ans, la Sacrée Congrégation des Rites dont s'honore l'Église romaine et qui n'est pas simoniaque du tout, comme on va voir, exigea un insignifiant pourboire de 175,000 francs, pour s'occuper utilement de la Cause en Béatification de Christophe Colomb.

Tous les autres obstacles avaient été mis par terre. Six cents évêques avaient signé le *postulatum* et le monde ecclésiastique savait que cet acte d'immense justice, naguère si ardemment désiré par Pie IX qui en fut, il y a deux générations, le véritable promoteur, avait failli être voté par acclamation au Concile du Vatican.

Le postulateur, mort aujourd'hui, aurait pu payer. C'était un homme extrêmement âgé, presque mourant chaque jour, mais trempé dans le Styx bourgeois et invulnérable à tout esprit de renoncement.

— Pourquoi ne payeriez-vous pas ? lui disais-je en 92, époque des fêtes fameuses du quatrième séculaire de la Découverte de l'Amérique. Voilà quarante ans que vous travaillez pour cette cause qui est votre unique objet. Vous êtes vieux et sans enfants, vous allez mourir. Vous auriez assez pour subsister *honorablement* jusqu'à la fin de vos jours, même après avoir assouvi ces juges infâmes. Ne privez pas de cette consolation votre dernière heure.

— Mon cher ami, me répondit-il de sa voix lointaine d'insecte captif, *à l'impossible nul n'est tenu*. C'est précisément parce que je suis vieux que je ne peux pas faire cela. Quand j'étais jeune, je ne dis pas, mais maintenant, songez donc !…

Peu de temps après ce refus qu'attendait sans doute Quelqu'un, une série de spéculations désastreuses lui raflait, coup sur coup, la somme totale de *cent soixante-quinze mille francs*.

LXXIII. Un homme averti en vaut deux.

Je vous préviens donc, cher Monsieur, que vous recevrez, à telle échéance, douze douzaines de claques et un nombre égal de coups de botte, sans parler des petites affaires accessoires qui pourront agrémenter le cotillon. Ce ne sera pas trop de la résignation et de la force d'âme de *deux* hommes pour porter ça. Ainsi, vous voilà parfaitement en règle, étant prévenu.

Léon Bloy

Au fait, il y aurait peut-être là un moyen d'augmenter considérablement les effectifs en temps de guerre, ou, du moins, de *doubler* la constance de nos soldats, voire même leur agilité, en cas de malheur. C'est une question à étudier.

LXXIV. Que voulez-vous ! l'homme est l'homme.

Combien Pilate est joli garçon et digne d'amour quand on le compare à la multitude considérable des gens qui se lavent les mains ! Cette parole archi-traînée, depuis deux dizaines de siècles, me fut servie, l'autre jour, par un bourgeois doux qui paraissait avoir les mains propres, pour la justification d'un bourgeois féroce dont j'avais eu l'enfantillage de lui parler avec une extrême indignation. Il n'osait pas ajouter comme dans saint Jean : *Ecce rex vester*, celui-là est votre roi, parce que le Bourgeois ne met jamais hors de lui ce qui est en lui, mais comment aurait-il pu faire pour n'y pas penser dans son lieu le plus intime ?

L'homme qu'il me montrait dans l'indéfini était vêtu de la pourpre du sang des faibles et, de son effrayante couronne, ruisselaient des larmes de sang. Or, il n'y a qu'un seul homme qui soit vraiment l'Homme et c'est terrible de l'évoquer de la sorte, car il peut arriver qu'on ne distingue pas très bien Celui qui assume de celui qui est assumé et Celui qui sauve de celui qui tue. Quelle épouvantable situation que celle d'un désolateur des âmes descendu si bas qu'il ne peut plus avoir l'air d'un *homme* qu'en mettant sur lui, par une mascarade sans nom, la défroque inexprimablement sainte de Gabbatha !

LXXV. Il est avec le ciel des accommodements.

Peut-être avec le ciel, mais pas avec le Bourgeois, quand il s'agit de Molière. Il ne permet pas qu'on y touche. Tout ce que vous voudrez, mais pas ça.

Profanez les sanctuaires, les Saintes Reliques, le redoutable Sacrement de l'autel. Soit, mais ne portez pas la main sur Molière.

Cette loi est d'autant plus remarquable que le Bourgeois ne connaît absolument pas Molière. Il sait à peu près que cet homme célèbre a beaucoup parlé des cocus, ce qui le flatte, et qu'il est l'auteur d'une comédie intitulée *Tartufe*, où l'infamie de la dévotion est divulguée. Il est inébranlablement convaincu que Louis XIV, dompté par tant de génie, le fit, un jour, manger à sa table et que toute la cour en fut dans l'admiration. C'est même, je crois, le seul fait du règne de Louis XIV qu'il soit capable de citer, et sa gratitude est immortelle pour ce repas auquel il sent si profondément qu'il fut invité en la personne de Molière !

Au temps de ma verte jeunesse, il n'y a pas loin de trente-cinq ans, Jules Vallès ouvrit une sorte de plébiscite contre Molière. Il y eut au journal hebdomadaire, *la Rue*, que dirigeait le futur agitateur, un registre où chacun était invité à protester avec énergie contre *le Misanthrope*. Je me rappelle qu'il y eut une petite clameur dans les journaux graves, mais fort peu de signatures. Le Bourgeois ne régnait pas plus qu'aujourd'hui, chose impossible, seulement il était un peu moins inculte et paraissait lire quelquefois. Je ne sais si l'entreprise de Vallès aurait maintenant plus de succès. Mais je trouve que notre époque est bien plus belle, puisque c'est un temps de foi. On y adore Molière comme les Athéniens adoraient le Dieu inconnu.

LXXVI. Au ciel on se reconnaît.

Puisque nous y sommes, expédions cet autre Lieu Commun sur le ciel. Il est de sacristie, celui-là, ai-je besoin de le dire ?

Au ciel on se reconnaît, c'est-à-dire que lorsqu'on aura été installé dans le Lieu de Béatitude, ce qui doit nécessairement arriver aux bourgeois et à leurs bourgeoises, on ne sera pas exposé à l'ennui de prouver son identité à des tas de gens. On sera reconnu et on reconnaîtra les autres tout de suite. Cela fera partie du bonheur interminable. On évitera ainsi le contact des parvenus et des intrigants de toute sorte qui, n'ayant pas été bourgeois sur la terre, prétendraient avec insolence l'être éternellement dans le ciel. Mais tout cela est si bien réglé qu'il n'y a pas lieu de s'y arrêter un seul instant.

LXXVII. Les prêtres sont des hommes comme les autres.

« Comme les autres » est certainement une politesse. Il est bien certain qu'un homme qui pratique la continence et qui dit la messe chaque jour est fort inférieur aux autres. Si le Bourgeois n'était pas si bon, il dirait avec plus d'exactitude et de fermeté que les prêtres *ne sont pas* des hommes comme les autres. Juste le contraire. Mais il convient d'être généreux et de n'écraser personne, la pensée du Bourgeois n'étant pas, d'ailleurs, une *automobile*.

Puis, tous les prêtres ne se ressemblent pas. Il y en a encore, Dieu merci ! en assez grand nombre qui ne donnent pas dans les nuages, qui sont pour le sérieux, le solide, le confortable. Ceux-là font passer les autres. On peut les recevoir, les inviter à dîner, leur faire faire des commissions, leur confier des paquets, les utiliser enfin, — ce qui change un peu de ces faiseurs d'embarras qui parlent toujours de la dignité sacerdotale.

Il y en a même qui ont de belles situations, qui gagnent beaucoup. À plat ventre devant ceux-ci, naturellement. Mais, en principe, ne nous emballons pas sur les prêtres. La vie est courte. N'oublions pas non plus que le Lieu Commun qui nous occupe est une contre-vérité, une antiphrase chargée de mystère, et qu'il peut cacher la mort.

LXXVIII. Chacun pour soi et le bon Dieu pour tous.

Mme Plutarque, patronne de l'ancienne maison « Plutarque et oncle, papeterie et objets de piété », fait sa méditation quotidienne à son église paroissiale, en la présence du Saint Sacrement. C'est une femme très pieuse.

— Fils aimable du Tout-Puissant, dit-elle, s'aidant d'un de ces livres de la maison Mame ou de la maison Poussielgue, dont l'éloge n'est plus à faire, ô mon très doux Maître venu en ce monde pour en chasser le péché, ayez pitié de ceux qui vivent dans cette souillure et gémissent à l'ombre de la mort… Je vous demanderai aussi de nous envoyer un peu plus de monde à l'occasion du Jubilé. Ce serait le cas ou jamais d'écouler nos vieux scapulaires en coton qui commencent à se manger aux vers et vous savez qu'il nous en reste beaucoup…

Agneau sans tache qui vous offrez pour les pécheurs avec tant d'amour, ayez pitié de leur état et délivrez-les de l'esclavage du démon par le mérite de votre offrande… Je crains bien d'avoir fait une trop forte commande de bénitiers en biscuit. Il y a de nos clients qui se plaignent que c'est trop cher. Mais c'est un article avantageux que je ne peux pourtant pas laisser à meilleur marché. Il n'y aurait plus qu'à mettre la clef sous la porte. Heureusement que ça se casse vite et qu'il en faut toujours. On se rattrape sur la quantité...

Nos péchés, ô divin Sauveur, ont armé vos bourreaux des instruments de votre supplice... Il est vrai que les affaires sont les affaires et qu'il n'y aurait pas moyen de joindre les deux bouts si on donnait la marchandise. Puis, il y a la morte-saison où on n'arrive pas à vendre un catéchisme, ni une bouteille d'encre, ni une rame de papier. Si on place de temps en temps, par ci par là, un petit roman un peu léger, une petite polissonnerie, un tout petit jeu de cartes plus ou moins transparentes, mon Dieu ça regarde ceux qui les achètent, n'est-ce pas ? D'ailleurs, je ne fais ces affaires-là, vous le savez, qu'avec des messieurs bien mis et d'un certain âge. Où est le mal ? Ah ! doux Jésus, ne vous mettez jamais dans le commerce !...

Ce mystère nous enseigne la mortification corporelle c'est pour imiter le Sauveur flagellé que les saints ont pris de sanglantes disciplines... Oh ! ça ne va pas fort, non plus, le commerce des disciplines ! Si nous vendons quelques méchants cordons de saint François, c'est tout le bout du monde. Pour ce qui est du crin, il n'en faut plus, je comprends ça. Il nous restait quelques vieux cilices que nous disions avoir appartenu au curé d'Ars, comme cela se fait couramment dans notre partie. Nous avons eu tant de peine à nous en défaire que nous avons renoncé à en avoir d'autres...

Je le reconnais, ô Jésus, c'est votre mort, qui a détruit en moi le péché. C'est votre résurrection qui m'a délivrée du tombeau des vices où j'ai dormi si longtemps dans le sommeil de la mort... En effet, notre maison va prendre de l'extension, malgré tout. Le fabricant de suppositoires ne fait plus rien. Ce sera bien le diable s'il ne nous cède pas son bail à moitié prix. D'ailleurs, c'est un Dreyfusard et nous l'aidons tant que nous pouvons à faire faillite. Ce sera pain bénit. Quant à sa fille, qui s'en va de la poitrine, vous faites bien de la prendre. Nous avons essayé de lui faire du bien et nous en avons été drôlement récompensés. Le père ne nous a-t-il pas reproché de la tuer, en la laissant debout toute la journée dans la boutique, comme si nous étions responsables des maladies du prochain. Chacun pour soi et le Bon Dieu pour tous. Quand elle

Léon Bloy

n'a plus été capable de travailler, nous l'avons flanquée à la porte, comme de juste. Vous en auriez fait autant, n'est-il pas vrai, mon Rédempteur ? Maintenant qu'on me calomnie tant qu'on voudra, je saurai porter ma croix jusqu'au bout, avec le secours de votre grâce. L'amour de mon Dieu doit me suffire dans cette vallée de larmes et dans la bienheureuse éternité. Ainsi soit-il.

LXXIX. Aller son petit bonhomme de chemin.

« Alexandre le Grand réduisit, après sept mois d'un siège opiniâtre, l'imprenable ville de Tyr. Pour la punir de cette résistance, il fit mettre en croix deux mille habitants échappés à la fureur du soldat. Après quoi il continua, dans la direction de l'Égypte, son petit bonhomme de chemin. »

Ainsi parlait au lycée de Périgueux, il y a quelque quarante ans, un digne professeur d'histoire à qui nous infligions, presque chaque jour, d'effroyables farces dont il s'apercevait à peine.

Ce « petit bonhomme de chemin » est resté dans ma mémoire avec le nom d'Alexandre et la figure de ce savant comme une sorte de mastic. Il n'a plus été possible de les séparer et, par le phénomène de l'association et de la filiation des idées, je ne puis entendre ce Lieu Commun sans voir aussitôt les plus héroïques personnages se défiler d'une patte légère, après avoir accompli quelque rosserie grandiose. Napoléon, par exemple, après la Bérésina, ou, si on le préfère, l'aimable Néron qui n'était, je le veux bien, qu'un imbécile, mais un imbécile maître du monde et qui allait, lui aussi, son petit bonhomme de chemin planté de chrétiens en feu, comme l'a raconté Tacite, *ut cum defecisset dies, in usum nocturni luminis urerentur.*

Le Bourgeois, à son tour héritier et successeur de ces personnages effrayants, va son petit bonhomme de chemin vers la mort, éclairé par les étrons.

LXXX. Ne pas valoir le Diable.

Où donc est l'honnête homme qui pourrait se vanter de le valoir ? Songez que tout diable qu'il est, tout de même, il est un ange et le chef d'un grand nombre d'anges. Si l'ingénieur des ponts et chaussées que voici ou le brigadier de gendarmerie que voilà entendent par ces paroles qu'on ne vaut pas grand'chose ou rien du tout, ils se trompent d'une manière qui étonne. Affirmer d'un individu qu'il est moins riche qu'un milliardaire n'implique pas qu'il soit un nécessiteux. On peut ne pas valoir précisément le Diable et, néanmoins, capitaliser sans fatigue la valeur morale et intellectuelle d'une infinité de bourgeois. Que penser de quelqu'un qui vaudrait le Diable ?…

Il faudrait faire attention à ce qu'on dit. Le Diable n'aime pas qu'on se compare à lui, fût-ce pour déclarer qu'on ne le vaut pas et il y a des mots qui le font venir. « Quand nous ne parlons pas à Dieu ou pour Dieu, a dit un écrivain peu connu, c'est au Diable que nous parlons et il nous écoute dans un formidable silence… »

LXXXI. Se plaindre que la mariée est trop belle.

Essayez de faire comprendre à des bourgeois qu'il peut y avoir lieu de se plaindre, en effet, et que l'excessive beauté d'une mariée peut avoir des inconvénients ! Ah ! qu'ils sont loin de cette crainte et de ce gémissement ! Il leur faut des épouses d'une beauté parfaite. Je n'ai qu'à jeter les yeux autour de moi. C'est incroyable, c'est effarant, c'est éblouissant ! Je ne sais pas où ces cochons vont chercher leurs femmes.

Alors, naturellement, étant installés à ce point dans la beauté, ils ne voient plus que la beauté, ils ne pensent plus que la beauté. Une affaire quelconque devient pour eux une mariée qui doit être belle, qui ne peut jamais l'être trop et dont il leur paraît monstrueux que d'autres se plaignent, surtout lorsque ces autres sont sur le point d'être complètement roulés.

Il y aura, un jour, une Mariée dont l'approche fera claquer les portes du ciel et qui sera si belle qu'on ne pourra pas la distinguer de la foudre. C'est Celle dont il est écrit qu'« elle rira au dernier jour ». Elle sera présentée comme le Jugement de Dieu et nul n'aura le temps de se plaindre. Mais comment imaginer un bourgeois capable de la pressentir ?

LXXXII. Tuer le temps.

Dans la rhétorique du Bourgeois, tuer le temps, ai-je besoin de le dire ? signifie tout simplement s'amuser. Quand le Bourgeois s'embête, le temps *vit* ou ressuscite. Vous comprendrez ou vous ne comprendrez pas, mais c'est ainsi. Quand le Bourgeois s'amuse, on entre dans l'éternité. Les amusements du Bourgeois sont comme la mort.

LXXXIII. Avoir le mot pour rire.

Parmi les gens qui ont habituellement le mot pour rire, on cite volontiers les employés des pompes funèbres, les garde-chiourme, les huissiers, les chirurgiens, les bourreaux. Il paraît que leurs honorables métiers veulent ça.

Villiers de l'Isle-Adam, qui avait la passion de courir le guilledou des exécutions capitales et que les messieurs de la guillotine considéraient comme un amateur éclairé, affirmait avoir entendu l'exécuteur dire à une de ses pratiques, en lui tapant joyeusement sur l'épaule, dix minutes avant le couperet : « Je vous gâte, mon ami, je vous gâte ! »

Il venait de l'avantager d'une de ces petites douceurs dont les bourreaux ont le secret. Villiers avait gardé dans l'oreille la crécelle de cette voix de coupeur et il affirmait que c'était *irrésistible*, — de quelque manière qu'on veuille entendre cet adjectif qualificatif.

LXXXIV. Assurer l'avenir de ses enfants.

Depuis si longtemps que les pères s'occupent de l'avenir de leurs enfants, n'est-il pas étrange que les enfants ne pensent pas à l'avenir de leurs pères ? Qui donc faisait remarquer cela et quel *avenir* cet anonyme pouvait-il bien avoir en vue ? Le Bourgeois s'étonne des questions ainsi présentées. Quoi de plus simple, cependant ? Il faudrait prévoir le cas où un père aurait été engendré par son enfant.

C'est en vain que d'eux tous le sang m'a fait descendre,
Si j'écris leur histoire, ils descendront de moi.

Vers cornéliens, aujourd'hui presque oubliés, dont la splendeur consolait Alfred de Vigny, le poète gentilhomme, de la disgrâce de n'être pas né dans une boutique pour léguer, à son tour, une clientèle à de fortunés et crétins enfants.

Le Bourgeois, plus heureux, se félicite dans une autre langue. Pour ce qui est de ses ancêtres, à lui, il ne saurait ni en descendre ni en remonter. Toute sa lignée, depuis les siècles, garde l'horizontalité absolue dans la platitude géométrique du lieu le plus bas, et cette posture est *assurée* dans l'avenir, sauf miracle, à tous ceux qui pourront sortir de lui.

Sauf miracle, cela s'est vu. Un être d'exception peut, quand même, jaillir de cette alluvion de déjections. Mais de quel avenir cette géniture pourra-t-elle bien gratifier ses pères ? J'abandonne la cocasserie phénoménale du problème à ceux de mes lecteurs qui furent enfantés sur les joyeuses collines.

LXXXV. Faire honneur à ses affaires.

Le mot « affaires » me trouble toujours. J'ai essayé, dès le commencement de cette Exégèse, d'en dire quelque chose. Je n'ai réussi qu'à manifester mon impuissance. Ce qui me semble tout particulièrement haïssable dans ce chien de mot, c'est son mystère. Impossible d'y pénétrer. « Faire honneur à ses affaires » est une des paroles les plus dites et certainement les moins entendues.

Qu'est-ce que l'*honneur* vient faire ici ? Je le demande aux sages. Faire honneur à quelqu'un est une locution intelligible. Exemple. On se fend en quatre pour prouver à un pirate armé jusqu'aux dents qu'on a pour lui de l'estime et une profonde considération. Honorer les canailles qui ont l'argent ou le pouvoir, c'est le cri de la conscience bourgeoise. Mais *faire honneur à ses affaires* est un texte difficile.

Je sais aussi bien que vous que, dans une langue inintelligible aux purs esprits, cela veut dire payer une lettre de change, un billet souscrit ou toute autre saleté du même genre. Je n'ignore pas non plus qu'un tenancier de lupanar, un empoisonneur de pauvres, un usurier à cent cinquante ou deux cents pour cent font honneur à leurs affaires quand ils règlent exactement leurs échéances. Eh ! bien, que vous dirai-je ? cette façon en relief d'exprimer une platitude me bouleverse.

LXXXVI. Faire un trou à la lune. Faire son trou.

Identiques dans l'Absolu, identiques dans l'Infini. On ne dira jamais : Faire un trou au soleil, ni à la terre, ni à Mars, ni même à Vénus. On ne fait de trous qu'à la lune, on ne fait son trou que dans la lune, laquelle, à vrai dire, n'est qu'un vaste système de trous et de cavernes profondes.

C'est, du moins, le témoignage d'un romancier anglais contemporain qui a été assez heureux pour profiter d'une occasion tout à fait unique de visiter la lune, ces derniers temps. Il en a même rapporté d'énormes barres d'or vierge que tout Londres a pu admirer. On sait enfin que l'or est à fleur de lune et aussi banal que les pierres sur ce satellite.[1]

Ainsi se trouve expérimentalement corroborée, après des générations de caissiers, la métaphore bourgeoise d'un passage heureux à travers la lune, quand on se dérobe en emportant le bien d'autrui. Ainsi se démontre, avec une précision que j'ose qualifier d'astronomique, l'inhérence de l'idée de trou à l'idée générale de prospérité humaine. Le Bourgeois a deviné juste, comme toujours, mais cette fois, il nous précipite dans les cieux.

LXXXVII. Brûler la chandelle par les deux bouts.

M. Besoin comprit d'autant mieux qu'une gifle éblouissante souligna la péroraison. Jamais l'autre Lieu Commun dit des trente-six chandelles n'avait été plus complètement justifié, car les muscles de l'envoyeur valaient sa dialectique.

M. Besoin est un de *ces penseurs* dont la *liberté* étonne les animaux domestiques. Son trait le plus original est d'avoir lâché Dieu, comme tout le monde, à l'époque illuminative de sa puberté. À partir de là, peu de choses lui furent cachées. Ayant vécu loin du monde sacerdotal, il connaît les prêtres, cela va sans dire, et sait exactement ce qu'il faut penser de leurs manigances. M. Besoin ressuce goulûment le dix-huitième siècle et passe, dans son chef-

---

1 *Les Premiers Hommes dans la Lune*, traduit de l'anglais de H.-G. Wells, par Henry-D. Davray. Mercure de France.

lieu de canton, pour une intelligence de prime-saut. Il parle volontiers de l'Inquisition, de la Saint-Barthélemy, de la Révocation de l'Édit de Nantes, etc., en des phrases qui parurent champignonneuses vers 1820, et il s'exprime avec force contre le fanatisme de deux ou trois pauvres vieilles bougresses de dévotes qui vont assidûment à l'église paroissiale.

On n'attend que l'occasion pour faire de cet orateur un député. C'est lui qui saurait en finir avec la religion, quand il serait aux affaires ! Sans doute, ce n'est pas mal, si on veut, d'avoir congédié un assez bon nombre de religieux et de religieuses. Le gésier de cet homme d'État se dilate à la pensée que les pénitentes du Carmel ou les hospitalières des indigents sont peut-êtredésormais errantes et sans pain. Mais quelle mollesse dans l'exécution ! quelle timidité ! quel manque de décision ! quelle impuissance ! alors qu'il s'agissait de tout chambarder en un clin d'œil…

M. Besoin en était là de son discours, en plein *café du Commerce*, lorsque le sacristain, homme fougueux venu pour se rafraîchir, lui demanda brusquement s'il allait « fermer sa gueule ». L'orateur, interdit et suffoqué, ne répondit pas.

— Je vais parler pour vous, reprit l'employé d'église, chacun son tour. J'ai à vous dire d'abord que vous êtes un imbécile et que vous brûlez votre chandelle par les deux bouts. Ici vous braillez du matin au soir, et souvent jusqu'à minuit, contre les prêtres, contre l'église, contre les cérémonies et contre les cloches dont la sonnerie vous exaspère comme si vous étiez un démon, enfin contre les religieux et les religieuses. En même temps vous avez vos deux filles en pension, à Paris, chez les Dames Visitandines. Là je suppose que vous tenez un autre langage. Moi, je m'en fous, remarquez bien. Seulement, je trouve un peu salaud de se contredire à quelques minutes d'intervalle, juste le temps d'aller à Paris et d'en revenir. C'est une dégoûtation de mentir continuellement aux uns et aux autres comme vous le faites, avec l'intention de ficher dedans tout le monde. Heureusement que vous vous brûlez des deux côtés à la fois, je le répète, étant un parfait idiot et je ne vous l'envoie pas dire, moi, Charlemagne Dasconaguerre, ancien maréchal des logis aux cuirassiers de Reischoffen et devenu *calotin*, à votre service…

Étant mal placé dans ce café sans perspective, je ne pus voir comment la claque avait suivi la harangue, et quelle claque ! M. Besoin avait-il montré du dédain ou risqué le commencement d'un geste ? Toujours est-il qu'il en resta démantibulé.

LXXXVIII. Vendre la peau de l'ours...

Oui, je sais, il ne faut pas la vendre. C'est un conseil. Vendez n'importe quelle peau, si vous trouvez acheteur, s'entend ; mais ne vendez pas celle de l'ours, ni surtout celle de la grande Ourse. Il paraît que cette opération commerciale est dangereuse. C'est, d'ailleurs, la seule fois que le Bourgeois conseille de ne pas vendre. Exception remarquable.

Cependant voici quelque chose qui n'est pas clair. Si cette peau n'est pas à vendre, j'imagine qu'elle est encore moins à donner, l'action de donner étant ce qu'il y a de plus contraire au génie bourgeois. Il faudra donc la garder, c'est toute une affaire. Il est vrai que ce Lieu Commun embarrassant est conditionnel. Les autorités assurent qu'il serait loisible à quiconque de vendre la peau d'un ours qu'il aurait tué lui-même, ce qui est une mauvaise plaisanterie. Le Bourgeois veut rire.

LXXXIX. Perdre ses illusions.

C'est le premier article du programme. Il devrait être l'unique, tellement il enveloppe les autres. Un bourgeois qui n'aurait pas perdu ses illusions ressemblerait à un hippopotame qui aurait des ailes. Au fond, les illusions, c'est tout ce qui ne peut pas être digéré. Les éleveurs ne s'y trompent pas. Jamais une illusion ne vaudra un sac de pommes de terre pour engraisser des cochons. Sans doute, mais, là encore, il y a une difficulté.

Que faut-il entendre par le mot illusion ? Y a-t-il des illusions particulières aux bourgeois et d'autres qui ne peuvent affecter que des héros ou des poètes ? Un grand artiste qui croirait, par exemple, qu'il faut « *choisir* une carrière », comme dit l'indépassable Hanotaux, ou que le sucre de betterave, à poids égal, ne vaut pas moins que le Moïse de Michel-Ange, serait-il, oui ou non, dans des illusions trop généreuses qu'il lui faudrait perdre ?

Un commis du mont-de-piété à qui je posais cette question, m'a demandé si je me payais « sa fiole ». Il avait raison. La réponse n'est pas sans danger.

XC. Souffrir le martyre.

Il souffre le martyre, il souffre comme un martyr. Toutes les fois qu'un bourgeois expie, avant de crever, les saletés de son existence, il est martyr, ça ne rate pas. On déshonore ainsi un mot et une idée admirables, c'est toujours ça. Autrefois martyr signifiait *témoin* et les martyrs enduraient, par choix et de leur plein gré, d'horribles tourments pour rendre témoignage à la Vérité crucifiée. Tout cela est considérablement changé.

Le martyre de l'Entrepreneur, très différent de celui des Vierges, consiste à souffrir, bien malgré lui, en gueulant et en blasphémant, jusqu'à sa puante mort qui sera un fier débarras pour sa famille et après laquelle il ne manquera pas d'être « bienheureux ». Il me paraît difficile de lui appliquer le *Semen christianorum* du terrible Père Africain. Les sérosités et les sanies de cet égrotant seraient plutôt capables d'engendrer la peste.

Cependant il y a des mots qui ne connaissent pas plus le repos que le pardon, des mots plus qu'humains qui rôdent comme des loups autour de ceux qui en abusèrent. Ils sont, ces mots, dans la nécessité invincible d'exprimer, n'importe comment et à quelque prix que ce soit, une réalité indiscutable. Si cet homme n'est pas le témoin volontaire de *Celui qui est*, il faut inévitablement qu'il soit l'involontaire et fantasmatique assistant de *Celui qui n'est pas* et qui veut aussi ses martyrs.

XCI. S'ensevelir dans le cloître.

Ce Lieu Commun fait partie du petit nombre de tropes qu'on a retenu de l'éducation plus ou moins chrétienne qui se donnait encore, il y a une quarantaine d'années. Généralement, on « s'enseve-lit dans le cloître », après avoir « bu le calice jusqu'à la lie », « porté une lourde croix », « gravi son calvaire ». J'ai connu des hommes reluisants qui étaient assez régulièrement « crucifiés ». Mais l'en-sevelissement dans le cloître est le dernier coup. On s'y détermine spécialement quand on a des crimes à expier. C'est proverbial.

L'idée que quelqu'un se précipiterait à la vie religieuse comme dans un gouffre de joie est aussi étrangère à l'époux de la Bourgeoise que le calcul de la vessie à une momie qui a trois mille ans. Les crimes effroyables des Bénédictines, et les remords déchirants des Capucins font, d'ailleurs, le plus heureux repoussoir à l'intégrité de conscience de tel ou tel député ou magistrat — ce qui rend inexplicable, disons-le en passant, l'idiote rage actuelle de les abolir.

Mais j'y pense, n'y aurait-il pas, analogiquement à ce qui précède, une sorte de cloître insoupçonné pour l'ensevelissement des bonshommes qui n'ont rien à se reprocher, et l'Inconnu qui exige des martyrs n'exigerait-il pas aussi des moines ? Il y a bien des signes et le Bourgeois devrait trembler. On ne m'ôtera pas de l'esprit qu'il est indispensable de choisir entre les deux monastères, celui des canailles qui est naturellement dévolu aux Trappistes et aux Chartreux, et celui des Honnêtes Gens dont le Démon jettera la clef dans l'Abîme, au Dernier Jour.

XCII. Chercher la petite bête.

On pourrait croire qu'il s'agit d'un tableau célèbre de Murillo. Mais avec le Bourgeois, il ne peut jamais être question d'une œuvre d'art, à moins qu'on ne veuille parler d'un pont métallique, d'un tunnel ou de toute autre hideuse besogne du même genre que les bourgeois suréminents, c'est-à-dire les Ingénieurs des ponts et chaussées, ne se gênent pas le moins du monde pour nommer des travaux d'art.

Il s'agit de toute autre chose. La petite bête est une métaphore, une pauvre diablesse de métaphore bourgeoise comme il y en a encore dans la marine marchande, chez les grands facteurs des halles ou chez nos derniers commis-voyageurs. Le négociant qui cherche une erreur de comptes au préjudice d'un de ses clients est un homme qui cherche la petite bête, un homme perdu. C'est comme s'il chassait le tigre avec la table de multiplication et un parapluie.

XCIII. Tendre la main.

Celui-ci me ramène au clergé du diocèse de Meaux. Je fis, un jour, cette expérience d'aller demander l'aumône au curé d'une paroisse immédiatement dépendante du doyenné de Lagny. Il me la refusa, ai-je besoin de le dire ? avec des paroles d'huile et de miel, douces et froides comme la lune.

Cet ecclésiastique, jeune encore, a la physionomie d'un vieux rat et paraît en avoir les mœurs. Rond comme un rond de cuir et luisant comme un boudin, derrière un nez perpétuellement quêteur surmonté de deux petits yeux en têtes de clous noires et brillantes, l'abbé Pucelle est le type du prêtre bourgeois.

Il se pique d'archéologie, disant à qui veut l'entendre que, lui aussi, a fait « gémir la presse » ; prononce : « les saints Pierre *épaule* », avec lenteur ; garde l'argent qu'on lui confie pour les pauvres et utilise en qualité de domestiques ses vieux parents. J'ajoute ce trait prodigieux et absolument inouï qu'en vue de complaire aux boutiquiers de sa paroisse il exige des factures acquittées pour donner l'absolution aux nécessiteux.

Il va sans dire que je ne ratai pas l'occasion, ayant sous la main un pareil sujet, de révéler que j'étais l'auteur d'une autobiographie intitulée *Le Mendiant ingrat*, que je vivais exclusivement d'aumônes et que, même, je ne concevais pas une autre manière de vivre, pour un chrétien. En le quittant, j'eus la satisfaction de le voir installé dans ce bateau, confortablement.

À quelque temps de là, l'occasion s'offrit de parler avec plus de précision et d'énergie. Ce joli curé, dont j'étais presque le paroissien, avait cru devoir abuser de quelques-unes de mes paroles d'une manière grave et dans l'exercice de son ministère. Je lui écrivis que, me jugeant offensé, je voulais des excuses *chez moi*, sinon que je m'adresserais à ses supérieurs d'abord, puis aux journaux. Ultimatum d'un effet certain. Le drôle vint aussitôt, non pour me faire des excuses, mais pour établir qu'il ne m'en devait pas. Retranché derrière ses Lieux Communs de séminaire, dans un mépris inexpugnable de la Sainteté, de la Perfection évangélique, de la Parole de Dieu, de la Prière, de tout ce qui n'est pas le glorieux Argent monnayé, il me parut invincible et me découragea du premier coup.

Impossible de lui faire comprendre quoi que ce fût. Je ne me souviens pas d'avoir jamais vu un homme si sot. Ah ! j'avais beau jeu pour compléter mon observation de la Médiocrité Sacerdotale !

Interrogé sur la prière impétrante : — Dieu ne fait pas de miracles, sinon en faveur des saints, prononça cet âne. Je lui objectai immédiatement les dix lépreux de l'Évangile et les guérisons de Lourdes, ce qui le laissa silencieux et bouche ouverte comme un poisson cuit.

Si je n'avais pas été édifié depuis longtemps, le sourire *professionnel* de cette soutane, chaque fois que je lui présentais un Texte, m'aurait éclairé sur l'avilissement horrible du clergé contemporain. C'est épouvantable — et consolant à ce point de vue que tels doivent être les prodromes du Chambardement.

Au cours de cet entretien plus que cocasse, il me conseilla avec bienveillance de faire un autre métier que celui d'écrivain, un métier « nourrissant son homme ». C'eût été amusant de lui retourner le conseil. Je m'en abstins. Mais ce qui me parut significatif au dernier point, ce fut le retour continuel, quasi automatique, de l'exclamation horrifiée : *Tendre la main !*

Combien de fois, voulant à toute force que je fusse un mendiant de profession, parce que je lui avais dit mon immense confiance en Dieu, ne répéta-t-il pas ces trois mots avec une sorte d'épouvante intime et profonde, précisant ainsi — pour s'en étonner davantage — l'attitude habituelle qu'il me supposait ! Évidemment un tel acte, sans lequel il est à peu près impossible de se représenter un Ami du Sauveur des pauvres, était, à ses yeux, le comble de l'ignominie et de l'infamie. La visite s'acheva sans gloire. Je décernai à ce misérable le certificat de mauvais prêtre qu'il semblait être venu me demander et nos relations en restèrent là.

Ce souvenir malpropre s'efface. Il a fallu ma recherche furieuse des Lieux Communs pour le réveiller. Mais ne trouvez-vous pas que cette horreur de la main tendue, cette honte renégate et sacrilège d'un geste qui fut celui de dix mille Saints, étaient admirablement et affreusement caractéristiques de ce hongre de l'autel qui résume en sa personne tout un monde ?

XCIV. Respecter les Convenances.

Ce Lieu Commun jaillit de celui qui précède. Quoi de plus irrespectueux pour les Convenances qu'une main tendue ? Un mufle accompli peut se permettre les dernières incongruités et s'oublier

— ou se souvenir de lui-même, comme on voudra — jusqu'à faire devant les dames des ordures que ma réserve bien connue m'interdit de préciser. S'il a de l'argent, on le priera de ne pas se gêner. Le voulût-il, un riche ne blessera jamais les Convenances. Cela lui est aussi impossible que d'entrer dans le Royaume des Cieux.

XCV. Être de bonne foi.

— Je suis de bonne foi. J'ai tué mon père de bonne foi. J'ai cru lui rendre service. Je le crois encore. Il s'ennuyait de vivre, depuis longtemps, et tous les voisins pourront vous dire que c'était un vieillard très difficile.

Mettez-vous à ma place, messieurs les jurés, que pouvais-je faire ? Avais-je un autre moyen de lui prouver mon affection ? Appartenant à un autre siècle, il me blâmait de faire la noce, ne comprenant pas qu'on ne saurait être de bois et qu'il faut que jeunesse se passe. Impossible de s'entendre.

Avec ça, j'avais besoin d'argent. De toutes manières, pour lui et pour moi, il était préférable d'en finir. Oh ! il n'a pas souffert, allez ! Je l'ai abattu d'un seul coup, avec la plus grande humanité, n'étant pas de ceux qui se plaisent à faire souffrir. Si tout le monde faisait comme moi, on s'embêterait moins et les vaches seraient mieux gardées.

XCVI. N'être pas le premier venu.

Ce n'est pas le premier venu. Lorsqu'un père de famille, c'est-à-dire le chef d'une importante maison de commerce, a dit cela d'un monsieur Trouillot, par exemple, on est fixé. C'est Trouillot qui aura la fille.

Le plus haut titre aux yeux du Bourgeois, c'est de n'être pas le premier venu. Il vous accablerait de son mépris, si vous lui disiez que Napoléon était le premier venu. Le soixante-dix-huitième, si vous voulez, mais le premier, jamais de la vie. Le dernier non plus. L'Évangile dit que les derniers seront les premiers, et le Bourgeois s'en souvient.

Ce qu'il déteste par-dessus tout, c'est qu'on soit le premier ou le dernier n'importe où, n'importe comment et n'importe quand. Il faut être dans le tas, résolument et pour toujours.

XCVII. Jeter sa gourme

ou
Il faut que jeunesse se passe
ou
On n'est pas de bois.

Un fils prodigue qui n'a pas gardé les cochons, mais qui aurait eu un fier besoin qu'on le gardât lui-même, est revenu chez ses parents après avoir étudié trois ans à Paris. Il y a lieu de croire que ses études ont été poussées assez loin, car il a une belle couronne autour du front, une lèvre de moins, des yeux qu'on prendrait pour des chrysanthèmes et quatre champignons bleus sur la face.

Je ne sais si on a tué un veau gras, mais il se dit couramment que ce jeune homme a « jeté sa gourme », etc. Le journal de l'endroit annonçait hier le riche mariage de cet héritier avec la fille aînée du vétérinaire. On se représente sans peine l'envie que la timide et pure fiancée doit exciter parmi les vierges.

XCVIII. Faire un bon mariage.

En principe et d'une manière générale, ce qu'on appelle faire un bon mariage consiste à épouser *n'importe qui*. Rien n'est plus facile à démontrer.

Épouser quelqu'un de connu, quelqu'un ou quelqu'une qui serait une personne plutôt qu'une autre, suppose nécessairement un choix fondé sur une estime particulière. Or, dans la jurisprudence du Bourgeois, cela, ai-je besoin de le dire ? est un désordre qui ne peut être supporté.

La première et indispensable condition pour la pratique d'un bon mariage, c'est de faire passer l'argent avant toute autre considération, en ayant bien soin de se dire que toute autre considération serait oiseuse et, par conséquent, pleine de danger.

L'arithmétique est le sûr préliminaire, le seul prélude, la guitare unique pour des gens sérieux qui ont décidé de coucher ensemble.

La bénédiction du prêtre, si la clientèle exige cette formalité sans importance, et la mainlevée plus décisive de l'officier municipal, doivent aller à des unités humaines qui s'ignorent autant, et même beaucoup plus, que des animaux en chaleur. C'est ainsi et non autrement que se conditionnent les bons mariages et que naissent les enfants d'argent.

XCIX. Faire une fin.

C'est-à-dire faire un mariage bon ou mauvais. Mais la pensée du Bourgeois est, ici, passablement enveloppée, car il me semble que le mariage, de quelque façon qu'on le veuille entendre, est encore plus un commencement qu'une fin.

L'acception purement philosophique du mariage envisagé comme la fin du Bourgeois n'est pas recevable. La fin du Bourgeois, c'est lui-même, et bien plus qu'il ne pense, *infiniment* plus sans doute que Dieu n'est la fin de la plupart des chrétiens. Jamais idole mexicaine ou papouase ne fut adorée comme le Bourgeois s'adore et n'exigea des sacrifices humains aussi effroyables.

La guerre monstrueuse du Transvaal est un holocauste aux bourgeois anglais dont le type, à l'heure actuelle, paraît être l'horrible manufacturier de Birmingham. Dira-t-on que l'Angleterre est en train de faire une fin ? J'y consens de tout mon cœur, mais il ne s'agit, en ce cas, d'aucun mariage et le Lieu Commun reste obscur. Qu'il s'en aille donc à tous les diables !

C. Se faire une raison.

Le verbe « faire » est un des plus difficiles de la langue française, surtout lorsqu'il est pronominal ou *réfléchi*, comme disent les bons grammairiens. Si vous voulez vous former une idée de l'abîme qu'il peut y avoir entre l'une et l'autre de ses acceptions innombrables, dites-vous qu'un homme occupé à se faire la barbe peut, en même temps, « se faire une raison ». Je me hâte seulement de remarquer que tout homme peut se faire la barbe, mais qu'il n'appartient qu'au Bourgeois de se faire une raison.

En voilà encore un qui n'est pas facile ! Je sais bien qu'il n'y a pas beaucoup de lumière à espérer en général, d'une confrontation des

Lieux Communs avec leur acception ordinaire. Cette acception, toujours dépassée, reste par terre, à des distances incalculables du sens vrai qu'on s'imagine planant dans les cieux. Essayons pourtant.

Ernest Mijoton, quatrième clerc d'avoué, attendait sa maîtresse depuis cinq quarts d'heure. Il faisait ce que les routiers du Lieu Commun appellent un chien de temps. Attendre une créature, même délicieuse, les pieds dans la crotte et le nez gelé, paraît être au-dessus de tous les courages. Il avait beau se remémorer les *placets* et les *qualités* dont la rédaction avait charmé les heures du jour, la procédure, il le sentait bien, ne remplissait pas son cœur et ce planton dans la sauce le déprimait excessivement.

Ses affaires d'amour allaient mal. Éléonore se fichait de lui avec une remarquable désinvolture. L'avant-veille elle l'avait fait poser deux heures et demie pour venir enfin lui serrer furtivement la main et prendre aussitôt la fuite avec des airs mystérieux. Une semaine auparavant, ayant eu l'occasion de la convaincre du plus impudent de tous les mensonges, elle lui avait cassé son propre parapluie sur la tête, en plein café du boulevard, après l'avoir accablé d'injures. On les avait jetés à la porte, inondés d'ignominie.

Bref, il aurait dû rompre vingt fois, mais il ne pouvait, quelle que fût sa rage, aller au delà de quelques obscures protestations d'indépendance. Il suffisait alors que la charmante enfant le traitât de « grand serin » pour qu'il se retrouvât instantanément et inextricablement ligoté. C'était, d'ailleurs, un beau caractère.

Ce soir-là, il attendit en vain près de quatre heures et ne s'en alla, fort enrhumé, qu'au dernier coup de minuit, en se disant, suivant son habitude invariable, depuis une vingtaine d'années, qu'il fallait se faire une raison.

Comme cette histoire est sur le point de devenir embêtante, je vais l'expédier en peu de mots. Après quelques mois encore de cette existence, il fallut enfermer le trop fidèle Mijoton dans un hospice d'aliénés. Était-il enfin parvenu à *se faire une raison* ? Qui nous le dira ? Mais c'était un imbécile d'avenir et il fut pleuré.

CI. Monter une affaire.

Autant dire monter un coup ou monter le cou. La plus belle affaire du monde serait le lotissement ou la vente au doigt mouillé du Paradis terrestre. Il y aurait de l'argent à gagner, si l'état embryonnaire de nos connaissances géographiques ne s'y opposait pas invinciblement. Par bonheur, il est caché, ce lieu de délices, bien caché et bien gardé. Tout fait présumer qu'il sera encore à naître dans dix mille ans, le premier bourgeois qui aura la permission d'y pénétrer.

Essayez de vous mettre en face de cette horreur : l'exploitation et le dépeçage du Paradis terrestre ; l'irruption du notaire, du métreur, de l'entrepreneur et des tramways électriques sous ces ombrages de six mille ans qui ont vu l'Innocence humaine… !

Par nature le Bourgeois est haïsseur et destructeur de paradis. Quand il aperçoit un beau Domaine, son rêve est de couper les grands arbres, de tarir les sources, de tracer des rues, d'instaurer des boutiques et des urinoirs. Il appelle ça monter une affaire. On m'assure qu'il existe, sur le Golgotha, une entreprise avantageuse de commodités.

CII. Encourager les beaux-arts.

Quand le Bourgeois, retiré des affaires, a marié sa dernière fille, il encourage les beaux-arts. Ça et les timbres-poste, ça va toujours. Ce précieux encouragement consiste à payer fort cher la camelote ou le gratin des artistes décorés. Entre Memling encore inconnu et un peinturier du Luxembourg, il n'hésitera pas une seconde. Si vous lui proposez une toile d'un garçon de génie non inscrit dans les diptyques de la Commande, il vous répondra qu'il n'encourage pas la « soulographie ».

Son flair est inconcevable pour discerner les ouvriers de néant, les crétins du tube, les avilisseurs. Ces derniers, surtout, lui sont chers. Ils lui donnent tellement ce qu'il lui faut ! Sa soif intime, son désir profond, sa croisade à lui, c'est de mettre le Beau parterre, au-dessous de la pire ordure, et rien ne vaut les cochons d'artistes pour cette besogne.

Si l'Enthousiasme ne poussait pas des cris de rhinocéros écorché, quand on veut le faire entrer au bordel, il faudrait ce mot pour exprimer l'espèce d'agitation surnaturelle dont il est ici parlé.

CIII. De la discussion jaillit la lumière.

Chez le peuple il jaillit surtout des claques et la lumière, en ce cas, ne pourrait être qu'une allusion, un peu lourde, aux trente-six chandelles mentionnées plus haut. Chez le Bourgeois, ça se passe autrement. Pénétrez dans un café d'habitués, un de ces bons vieux cafés d'employés ou de boutiquiers où tout le monde se connaît, où le patron toujours affable serre la main à tous ses clients, où l'apparition d'un étranger donne lieu à des réflexions moisies sur l'alliance franco-russe. Il ne se passera pas certainement vingt minutes avant que vous assistiez à une discussion à propos d'une péripétie de la manille, d'un point contesté au jeu de billard ou de tout autre objet d'un intérêt palpitant.

Vous verrez alors se produire tout doucement la lumière, *lumen rectis*, comme dit le Prophète Roi. Ce ne sera peut-être pas la lumière sur le point en litige, rigoureusement, mais ce sera du moins la lumière ou une quasi-lumière sur les contendants eux-mêmes.

Vous apprendrez que le patron de l'hôtel meublé a fait faillite sous la présidence de Mac-Mahon ; que le gros marchand de fourrages, grains et issues, est le fournisseur attitré du panier de son de la guillotine ; que le boulanger a passé au bagne « les plus belles années de sa vie » ; enfin que le vérificateur de l'enregistrement, homme profondément corrompu et qui sait parfaitement à quoi s'en tenir sur la conduite de sa belle-mère, passe pour être, en même temps, quelque chose comme l'oncle ou le neveu, par alliance, de sa propre femme ; etc., etc.

Tout vous sera dévoilé, à l'exception d'un unique point. Vous ne comprendrez pas que ces honnêtes gens, loin de se casser la figure, reprennent tranquillement leurs cartes ou leur jacquet, aussitôt après la discussion. C'est qu'alors la jaillissante lumière est obtenue et qu'il seraitdéraisonnable de continuer des engueulades qui n'ont plus d'objet.

CIV. Qui n'entend qu'une cloche n'entend qu'un son.

Il semble puéril de conclure que le même individu qui entendrait une dizaine de cloches, par exemple, entendrait une dizaine de sons différents et antipathiques les uns aux autres. Pourtant c'est exactement ce que le Bourgeois veut dire.

Au fond il lui faut des cloches contradictoires, des cloches qui hurlent de sonner ensemble, des cloches sourdes qui ne s'entendent pas elles-mêmes. L'harmonie surnaturelle des carillons de nos églises l'exaspère et l'idiotifie. Observez-le, un jour de grande fête, au moment où les cloches sonnent à toute volée. Vous sentirez, vous verrez en lui la présence d'une bête qui se retourne et qui tressaille. Les cloches *bénies* vont atteindre, jusque dans les entrailles de cet homme, on ne sait quelles appétences mystérieuses vers l'anarchie. Car tel est le secret du Bourgeois. Il est anarchiste, mystérieusement, — dans les profondeurs.

Par là s'explique sa haine des cloches, lesquelles ne peuvent être consacrées que par un Évêque, annonciateur et démarcateur d'Unité divine. Une cloche unique, un son unique, auraient trop l'air de venir du ciel, et c'est pour cela qu'ils font peur.

CV. Le soleil luit pour tout le monde.

Plus ou moins, cela va sans dire. Il est certain qu'il ne luit pas autant pour les Groenlandais que pour les habitants des Iles de la Sonde. Il est également incontestable que la lumière de cet astre est plus éclatante pour les clairvoyants que pour les aveugles.

Ce Lieu Commun, j'ai le regret d'avoir à le dire, manque un peu d'exactitude. Il n'a pas la belle tenue ni la haute allure de tant d'autres mentionnés déjà. Il me semble — qu'on me passe l'irrévérence — d'extraction savetière, comme ces fameux Droits de l'Homme qu'il a la prétention d'allégoriser. Quand vous l'entendez, soyez sûr que vous êtes dans le voisinage d'un citoyen honorable qui songe à vous chambarder pour s'installer à votre place. Équivalent de la célèbre formule d'expropriation : Ôte-toi de là que je m'y mette. Seulement on ne sait pas ce que le soleil vient faire ici.

Mais voyez le mystère des Lieux Communs. Depuis environ dix ans, je ne peux entendre celui-là sans une sorte de terreur. Au même instant, je revois un épouvantable bonhomme qui faisait l'usure et qui était aveugle comme Homère. Mais ses mains sales valaient une dizaine d'yeux et il vous détroussait à tâtons avec une prestesse, une subtilité, une sûreté, une compétence inégalables.

Il affectionnait, je ne sais pourquoi, ce Lieu Commun qu'il répétait à tout propos, lui supposant, j'imagine, un pouvoir fascinateur, et c'était une chose panique, je vous assure, que la face de ce compagnon des ténèbres qui parlait du glorieux Soleil, en ayant l'air de vous fixer de ses deux yeux blancs.

CVI. Tout le monde a plus d'esprit que Voltaire.

Quand se décidera-t-on à fonder un prix de deux cent mille francs pour le malin qui dira ce que c'est que « tout le monde » ? Je ne le gagnerais pas, étant de ceux qui pensent que Voltaire, vu de pas bien haut, paraît avoir été aussi sot que tout le monde, ce qui jette peu de clarté sur la locution énigmatique.

Le Bourgeois, en sa qualité de suffragant universel, doit croire que Voltaire est avantagé par ce Lieu Commun, puisqu'il suppose qu'il n'a pas fallu moins que la masse entière, la totalité des hommes et des femmes pour bloquer plus d'esprit que n'en eut ce patriarche des imbéciles malfaisants.

Mais le sophisme est trop manifeste. Ce qui est demandé par le Bourgeois, c'est un niveau, rien de plus. Tout le monde, c'est luimême, indéfiniment, au ras de la crotte, et il a raison d'imaginer Voltaire plus bas. Voltaire est son orifice excrémentiel.

CVII. Qui veut trop prouver ne prouve rien.

Attention. Je veux prouver, par des moyens honnêtes, un théorème de géométrie, un fait historique, une assertion de théologie morale, tout ce que vous voudrez. À quel moment, à quel point précis devra s'arrêter ma preuve ?

J'avais cru jusqu'ici qu'on prouvait ou qu'on ne prouvait pas. J'apprends tout à coup qu'on peut prouver *trop*. Voilà qui renverse toutes mes idées. On peut manger trop, boire trop, cela se comprend. On peut être trop bête ou trop cochon, cela s'est vu. Il paraît même qu'on peut être trop honnête, ce qui est rarement le cas du Bourgeois, homme d'équilibre et de juste tempérament. Mais prouver trop et par là même ne prouver rien, c'est un prodige qui me dépasse.

Tournons le dos au tableau noir et passons la tête entre nos jambes, pour voir le problème à l'envers. Voilà qui est fait. Je vais essayer, cette fois, de ne pas prouver tout à fait assez, de m'arrêter à un petit cheveu de l'endroit où la preuve serait complète. Victoire ! Ne prouvant pas trop, j'ai enfin prouvé quelque chose. Hélas ! à l'instant même, cette preuve me condamne. Par cela seul qu'elle existe, elle existe intégralement. Donc le cheveu est dépassé. Malgré mes précautions, j'ai trop prouvé et, par conséquent, je n'ai rien prouvé du tout. Impossible de s'échapper de ce cercle où périront les mathématiques, les philosophies et toutes les sciences.

CVIII. Il n'est jamais trop tard pour bien faire.

Hostilité de l'adverbe « trop ». Nous voilà encore embêtés. Se pourrait-il vraiment qu'il ne fût jamais trop tard ? Devons-nous croire qu'il y a une heure où il est assez tard, sans être trop tard et une autre heure où il est *trop tôt* et qui serait la bonne pour mal faire ? Cette dernière heure si importante, où commence-t-elle, et où finit elle ? Dois-je m'arracher des bras du vice, à 5 heures et demie du matin, pour me précipiter, à 6 heures moins un quart, dans ceux de la vertu ? Est-ce assez tôt, ou un peu tard, ou même très tard, sans être trop tard ? Ferai-je mieux d'attendre à 7 heures du soir ou à minuit ? etc.

Mais laissons tout ça. De quoi s'agit-il, en substance, et qu'est-ce que les Lieux Communs, sinon la langue du Bourgeois ? La langue du Bourgeois, songez donc ! Alors quoi de plus simple ? et qu'est-ce que *bien faire*, sinon faire ce que veut le Bourgeois, ce qui lui plaît, ce qui lui profite, ce qu'il ordonne en ses commandements, et rien de plus ?

Il est bien certain, par exemple, que si vous voulez vous faire casser la figure pour lui et lui donner tout ce que vous possédez, il pensera que vous faites votre devoir, un peu tard peut-être, mais pas trop tard. Inversement, s'il trouve le moyen de vous prendre votre argent, votre maison, votre femme ou même votre peau et que cela lui semble utile ou agréable, vous n'avez pas le plus petit mot à dire. Il fait très bien, absolument bien et juste à l'heure qu'il faut, puisque c'est l'heure de son bon plaisir, qui ne sonne jamais trop tard.

CIX. Petit à petit, l'oiseau fait son nid.

— Vilain Bulgare ! s'écria la comtesse de Sainte-Périne. Elle avait raison. Il est sûr qu'on ne pourrait jamais rencontrer un plus haïssable bougre que ce rédacteur en chef. C'est le mufle sans épithète, le Mufle absolu. C'est lui et non pas un autre qui, recevant la visite d'un grand poète, mort aujourd'hui, venu pour lui offrir une pièce de vers dont sa morne gazette eût été incroyablement honorée, affecta de ne pas même se retourner et fit cette réponse devenue célèbre : — Soyez donc assez bon, cher monsieur, pour mettre vous-même votre manuscrit dans le panier.

Belle idée que son mari avait eue de l'envoyer là ! Le ruffian l'avait accueillie avec une insolence telle que, toute préparée qu'elle fût, par son antérieure profession de sage-femme, à tous les élans du goujatisme, elle en avait été suffoquée. Bien loin d'emporter la résistance de cette brute, comme elle s'en était doucement flattée, il ne lui avait même pas été possible de placer un mot. C'était bien la peine de *se compromettre*. Gonflée de rage, elle revint à la maison.

Le docteur Maurice de Sainte-Périne, mari de sa femme et comte par l'effet d'une sélection mystérieuse, était l'arriviste surprenant, aujourd'hui connu et même consulté, qui avala, en moins de dix ans, le Fleuve de Crotte. À l'époque de ce récit, il débutait à peine et venait de s'unir audacieusement à une sage-femme de province dont une ville de trois cent mille âmes avait été fière. De même que le soleil met un peu de joie lumineuse chez l'indigent, cette personne crépue et mordorée était venue mettre chez ce carabin un peu d'obstétrique. Ils se comprirent et se soutinrent, l'épouse ayant un reste de ragoût et l'époux un commencement de flair.

Ce dernier avait conçu le dessein, que l'idiotie contemporaine lui a permis de réaliser en partie, d'une sorte de clinique littéraire pour salle à manger ou train rapide, par le moyen d'un journalisme d'Épidaure périodique ou intermittent. En termes plus clairs il s'agissait de glisser dans les feuilles lues — comme un infirmier perfide glisse des canules dans les derrières — de petits articulets émollients où personne, bien entendu, n'était offensé. Chroniques médicales incolores, fluides et neutres, assez comparables à des lavements inefficaces qu'on utiliserait pour le pot-au-feu. C'était embêtant et tiède, mais non sans effet sur le jabot de quelques illustres, heureux tout de même de la gratuité du laudanum.

À force de platitudes et de saletés, l'indécourageable Maurice est arrivé à se faire prendre pour une quasi-autorité, pour un observateur sagace, pour la plus fine d'entre les punaises de l'information spéciale et à s'introduire ainsi dans les fentes sociales, dans les lézardes ou les fissures de la vieille boutique du Monde. Il a même trouvé, m'a-t-on dit, une clientèle, et sa femme, dont la pâte lourde a eu le temps de lever dans le pétrin de leur misère, jouit enfin d'un *salon*… !

Mais, je le répète, au moment qui nous occupe toutes ces grandeurs étaient à venir. Le docteur Maurice, non encore émancipé des expédients quotidiens de la domesticité la plus basse, utilisait sa compagne pour le placement de sa copie. Il comptait sur cette Lucine pour l'accouchement des bienveillances obstruées et la délivrance heureuse des bonnes volontés à gestation lente.

Qu'on n'aille pas croire, cependant, que j'insinue des turpitudes. La sage-femme ne récompensait personne, se bornant à être lancinante et opiniâtre. Libre à chacun de désespérer ou de rêver, mais on n'entendit jamais parler d'aucun suicide.

— Sais-tu ce qu'il m'a dit ? cria-t-elle, en arrivant, au comte Maurice Flagornant de la Lêcherie du Val des Aménités de Sainte-Périne. Eh ! bien, voici ses propres paroles : « Le genre d'imbécillité de votre mari ne saurait nous convenir. Ça ferait double emploi avec un autre salaud déjà connu et estimé de notre public. D'ailleurs, sa gueule ne me revient pas, la vôtre non plus. Ainsi donc, par file à gauche et foutez-le camp. »

Le docteur comte a un nez vaste qui lui permet de renifler avec puissance. Ayant donc revigoré le concile de ses pensées par une généreuse prise d'air, il s'approcha, l'œil picoté, de sa sage-femme qui s'était laissé tomber sur une chaise et la baisant pieusement au front, lui dit avec lenteur, du ton inspiré d'un barde antique :

— Pauvre amie ! console-toi. N'avons-nous pas le témoignage de notre conscience ? Il faut se faire une raison, rien n'est absolu et on ne peut pas tout avoir. N'oublie pas qu'il faut être pratique et marcher avec son siècle. Puis, après tout, on n'est pas sur la terre pour s'amuser. Patience ! Paris n'a pas été bâti en un jour, c'est vrai, mais le soleil luit pour tout le monde et, petit à petit, l'oiseau fait son nid...

Ce jour-là, dit le poète, ils ne lurent pas plus avant.

CX. Les petits ruisseaux font les grandes rivières.

Ainsi parle mon épicier empochant les sous des misérables. Ainsi parle tel financier raflant l'épargne des humbles gens. Ainsi parle Chamberlain en voyant couler le sang des petits enfants des Boers. Et tous trois disent exactement la même chose.

CXI. On ne peut pas être et avoir été.

Vous vous trompez, cher employé des Pompes funèbres, et la preuve, c'est qu'on peut avoir été un imbécile et l'être encore. C'est même le contraire qui n'arrive pas. Donc, vous pouvez — dans l'Absolu — être et avoir été n'importe quoi, madame votre épouse aussi, n'en doutez pas, soit dit sans vous offenser.

Mais Dieu nous préserve des jugements téméraires ! Le fond de votre maxime ne serait-il pas tout bêtement qu'on ne peut pas être jeune toujours, au moins dans le sens de la reproduction de l'espèce ? Ô François Coppée, doux ami, quel trait de lumière !

CXII. Si jeunesse savait, si vieillesse pouvait !...

Qu'arriverait-il ? Le prudent Bourgeois se garde bien de le dire. Qu'on le sache donc une bonne fois. Si jeunesse savait, elle accomplirait des cochonneries dont la vieillesse elle-même n'a aucune idée, et si vieillesse pouvait, — la vieillesse du Bourgeois, bien entendu — encore une fois, qu'arriverait-il ? Je vous le donne en cent.

Elle pratiquerait la vertu ! et la face du monde serait changée. Tel est le secret redoutable que j'ai longtemps hésité à divulguer.

CXIII. Si on savait tout !

On serait Dieu, situation infiniment désagréable, parce qu'alors on serait forcé de nier sa propre existence sous peine de passer pour un imbécile, de se brouiller avec le Vénérable de sa loge et d'être mal noté dans le quartier. On ne trouverait plus de crédit nulle part et on ne serait plus salué par personne. On passerait pour faire des miracles et pour avoir un crucifié dans sa famille. Enfin une vile populace dénuée de philosophie et confondant la Substance avec l'Accident, appellerait *calotin* l'omniscient Bourgeois inculpé de divinité.

Ah ! croyez-moi, le plus sûr, c'est de ne rien savoir et surtout de ne rien tirer du néant, à commencer par soi-même. Au surplus, n'est-ce pas la tradition ? À quelle époque, voulez-vous me le dire ? les ancêtres de nos bourgeois ont-ils cru profitable de créer la lune et les étoiles ? Il y a tant de choses qu'il est avantageux d'ignorer et tant d'autres qu'il est utile de ne pas faire ! Le but de la vie n'est-il pas uniquement de gagner beaucoup de galette et d'acquérir, par ce moyen, la Mort éternelle ?

CXIV. On ne saurait penser à tout.

Soyons raisonnables, n'est-ce pas ? Je suis forcé de penser à mes affaires, d'abord ; ensuite aux affaires des autres, pour les fourrer dedans, s'il est possible ; enfin à mes plaisirs. Où diable voulez-vous que je prenne le temps de penser à autre chose ?

Vous me parlez de Dieu, c'est bien gentil de votre part ; mais, sérieusement, qu'est-ce que vous voulez que j'en fasse de votre bon Dieu ? Jamais je n'y pense, jamais je n'y ai pensé et quand je serai sur le point de crever, je vous prie de croire que je n'y penserai pas davantage. Les prêtres le disent eux-mêmes, on est poussière et on retourne en poussière. Alors pourquoi s'embarrasser de toutes ces blagues ?

Vous êtes vraiment bien rigolo de vous intéresser à mon âme, comme si je m'intéressais à la vôtre, moi ! Oh ! là ! là ! on voit bien que vous n'êtes pas dans le commerce. Si vous y étiez, vous sauriez que, loin de pouvoir penser à tout, on a bien assez et même trop, quelquefois, de penser à son livre de caisse. Tenez, mon cher monsieur, voulez-vous que je vous dise ? Je demande un bon Dieu qui soit dans les affaires. Alors on pourrait s'entendre. Il n'aurait pas le temps, lui non plus, de penser à tout. *Il ouvrirait le dimanche*, pour sûr, et il nous ficherait la paix, je vous en réponds…

Telles sont les paroles de celui qui a remplacé le Génie farouche qui apostrophait autrefois les navigateurs téméraires, au Cap de Bonne-Espérance.

CXV. On ne peut pas faire deux choses à la fois.

Traduction en langue bourgeoise du *Nemo potest duobus dominis servire*. Nul ne peut servir deux maîtres. C'est une espèce de pudeur qui empêche de citer bravement le Texte et nous en sommes avertis par le mot *chose*. C'est comme qui dirait : Il est tout chose, il a mal à son chose ou il a peur de montrer son chose. Car le Bourgeois a la pudeur de ce qui est beau ou noble, comme d'autres ont la pudeur de ce qui est malpropre ou hideux. Nuance où se manifeste son génie.

Toutefois le Texte saint, même traduit de la sorte, ne l'enchaîne pas, car ce possédé de Celui qui se nomme *Légion*, locataire, sans le savoir, des sépulcres du désert et que deux mille cochons pourront à peine déménager, quand il le faudra, échappe continuellement à tous ses dompteurs.

Le Bourgeois ne serait plus lui, s'il marchait avec l'Esprit du Seigneur. Il accorde qu'on ne peut pas faire deux choses contradictoires, sans doute, mais dans le seul cas où on entreprendrait de les faire simultanément. De toute autre manière, ça va très bien. Honorer son père, par exemple, et lui lancer au visage un paquet d'ordures sont pour lui deux actes conciliables, si on est attentif à ne pas les accomplir dans le même quart d'heure. Tout est là, ne pas faire deux choses *à la fois*. Admirable tempérament d'une doctrine trop rigoureuse. Il suffit d'en regarder les conséquences, les applications sans nombre…

Quand viendra le Cordonnier qui doit fixer définitivement l'Évangile ?

CXVI. Chaque chose en son temps.

« Tout a son temps, dit l'Ecclésiaste, et toutes choses sous le ciel s'accomplissent en leurs temps. »

Il y a temps de naître à Bethléem et temps de mourir au Golgotha ;

Temps de planter la Croix et temps de l'arracher ;

Temps de tuer les âmes et temps de les guérir

Temps de détruire la Maison d'or et temps de bâtir la maison d'argent ;

Temps de pleurer au passage du Christ sanglant, comme pleuraient les Filles de Jérusalem, et temps de rire comme rira la terrible Femme au Dernier Jour ;

Temps de se désoler avec la Vierge aux Sept Épées dans le cœur et temps de danser avec la fille prostituée de l'incestueuse pour obtenir le Chef de saint Jean ;

Temps de disperser les pierres vivantes et temps de les rassembler ;

Temps d'étreindre le Bien-Aimé qui vient en bondissant par les collines et temps de fuir les embrassements épouvantables dont nul ne délivre ;

Temps de tout acquérir et temps de tout perdre ;

Temps de garder la Loi du Seigneur et temps de la rejeter comme un vêtement inutile ;

Temps de déchirer en deux le Voile du temple et temps de coudre le Suaire du Rédempteur ;

Temps de se taire sous les outrages et temps de parler dans les éclats de la foudre ;

Temps de l'Amour fort comme la mort et temps de la Haine délicieuse comme l'Eucharistie ;

Temps de la guerre contre les saints et temps de la paix irrévélable des heureux morts.

Quelle autre chose, demande Salomon, l'homme peut-il espérer de son labeur ?

— J'attends du mien la ressemblance avec les Démons et mon logement préparé dans leurs habitacles de désespoir, répondra le

Bourgeois, quand sera venu pour lui le *temps* de répondre avec un discernement parfait.

CXVII. Le temps, c'est de l'argent.

Jusqu'à la réponse absolument sûre, infaillible et lumineuse qu'on vient de lire, le Bourgeois ne manquera pas d'observer que tout ces divers *temps*mentionnés par l'Ecclésiaste et qui sont la somme des temps ne représentent que l'ARGENT sous des vocables inutilement multipliés. Même le temps de mourir — celui-là surtout — est de l'argent à ses yeux.

Il faut donc qu'il y ait là une vérité profonde, la Vérité même ! car on ne se trompe pas ainsi. À l'instar des valeurs ou des poids égaux, le temps et l'argent se balancent et s'équilibrent dans l'Infini. Lorsque le Seigneur des mondes s'est laissé vendre trente pièces d'argent, il était juste au milieu des Temps et les concentrait en lui de la manière la plus expressive, la plus foudroyante, la plus inimaginable...

C'est à cela que tendent continuellement, sans le vouloir et sans le savoir, les paroles du pauvre Bourgeois, plus terribles que les ouragans.

CXVIII. L'argent n'a pas d'odeur.

C'est tout de même réjouissant de pouvoir se dire que les Flaviens couverts de gloire n'étaient pas moins insatiables ni plus dégoûtés que nos bourgeois. Vespasien, qui pouvait manger deux mille sesterces à chaque repas, comme Vitellius, ne dédaignait pas d'utiliser le pipi romain et de faire argent de tout ce qui pouvait sortir des maîtres du monde.

L'exemple n'a pas été perdu et les spéculateurs du vingtième siècle aiment à s'en prévaloir. Seulement cette famille d'empereurs avait abattu Jérusalem et mis à mort onze cent mille Juifs, tandis que les bourgeois s'associent avec Israël pour le rendement des lieux. Cela fait une différence.

— Tire-moi, dit la bien-aimée du Cantique, nous courrons après toi, dans l'odeur de tes parfums.

CXIX. Plus on est de fous, plus on rit.

— À boire ! demanda la pauvre femme, d'une voix qui était à peine un peu plus qu'un souffle. Pas de réponse. Elle pensa que c'était l'heure de son agonie et essaya de s'exciter à la contrition de ses fautes. Plus tard, une autre gardienne venant à passer, elle parvint, en réunissant toutes ses forces, à prononcer distinctement ces mots qu'elle croyait irrésistibles : — Madame, un verre d'eau, pour l'amour de Dieu ! Mais l'amour de Dieu a peu de crédit à l'Assistance publique. L'employée, la regardant à peine, haussa les épaules et continua son chemin. Alors l'infortunée Geneviève se sentit réclamée par le désespoir.

On l'avait menée là parce que son mal, très dangereux, nécessitait des soins que son mari, malade lui-même et sans ressources, ne pouvait lui donner à la maison. Dans la voiture, elle avait vu auprès d'elle, comme une image de l'impuissance du Génie, ce grand artiste désolé. Combien désolé ! Elle n'aurait pu le dire. Elle savait seulement qu'il y avait là un gouffre et, dans sa propre détresse qui était effroyable, elle n'osait pas penser à cette détresse.

Il y avait aussi les enfants, aperçus par une fenêtre, à la dernière minute, aperçus seulement, hélas ! elle-même sentant bien que son départ eût été impossible si elle avait entrepris de les embrasser. Pauvres petits ! leur souvenir était comme des griffes autour de son cœur !

Aussitôt arrivée, on l'avait laissée sur cette chaise au milieu de ce vestibule, sans aucun secours, sans moyen de reposer sa tête douloureuse. Elle avait cru trouver quelqu'un pour la recevoir, un lit pour s'étendre, et sa présence ne paraissait pas même remarquée. Elle aurait donné la moitié des jours qui pouvaient lui rester à vivre pour un verre d'eau fraîche et l'autre moitié pour appuyer sa tête contre un mur.

Au bout d'une heure environ, la surveillante ayant achevé probablement de torturer des impotentes ou des agitées dans une autre salle, daigna enfin s'occuper d'elle. En attendant de la mettre au lit, on la fit asseoir à une longue table où quelques gâteuses étaient installées devant des bols. Ayant essayé de boire quelques gorgées du bouillon de crocodile de l'Assistance, une odeur circulante et chaude l'arrêta soudain. Elle vit alors, avec épouvante, que ses compagnes étaient encastrées dans des sièges en forme de petits bahuts et qu'elles fonctionnaient en même temps de la barbacane et de l'entonnoir. Mais ce n'était que le commencement.

Jusque-là elle avait pu croire qu'elle appartenait encore à la triste foule des malheureux qui, du moins, possèdent leurs corps. Il lui restait à voir disparaître ses vêtements d'épouse et de mère qui ne lui seraient rendus qu'à la sortie, s'il était dans sa destinée de sortir. Désormais elle ne se lèverait plus que dans l'uniforme des condamnées à la douleur sans mesure ni consolation : robe bleue, et de quel horrible bleu ! tablier de cuisine, et de quelle cuisine ! fichu blanc lessivé par des imaginations pleines de fange et bonnet blanc que ne tuyauta jamais aucune innocence.

La femme du grand artiste croyait savoir ce que c'était que de souffrir. Âme jeune, elle supposait que tout était jeune, même le démon et sa puissance. Comment aurait-elle pu prévoir les terreurs nocturnes, dans cet asile, et la circonstance effroyable des portes fermées à clef sur trente ou quarante malades, parmi lesquelles vingt aliénées ? Car ce mélange homicide est toléré monstrueusement par les médecins, comme s'il y avait une consigne d'alléger l'Administration de ses pensionnaires, en les exterminant par la peur. Le détail est sans nom et ferait ressembler l'enfer des poètes à une caverne d'espérance.

Au cri d'agonie que poussera une infortunée, en voyant s'approcher d'elle un fantôme errant d'une couche à l'autre, dans la pénombre, rien ne répondra, sinon, peut-être, d'autres gémissements plus douloureux encore, montés du fond des puits de l'Angoisse. Les gardiennes sont trop saoules pour se réveiller ou trop occupées de leurs saletés pour consentir à se déranger. Si une clameur extraordinaire les y force, elles accourent, enragées, avec le blasphème, l'injure, la menace et souvent les coups. Dès la première nuit, Geneviève, au comble de la terreur pour avoir vu une folle qui se penchait sur elle en la regardant avec des yeux terribles, s'entendit promettre la diabolique cellule où s'éteignent infailliblement les résistances et parfois les vies. Elle s'en plaignit, le lendemain, au médecin en chef, à l'heure de la visite.

— Tout cela se passe dans votre tête, ma petite dame, répondit en souriant le vieux sot et le vieux lâche qui ne voulait pas contrecar-

CXIX. Plus on est de fous, plus on rit.

rer l'Administration et qui s'éloigna en faisant des gestes de pitié. L'abandonnée comprit qu'il n'y avait pour elle aucune justice, aucun secours à espérer des hommes. Elle apprit, le même jour, que son mari avait été frappé de paralysie et leurs deux petits enfants livrés à un monstre. On ne sait pas ce que Dieu demande à certaines âmes.

Elle vécut, ainsi que bien d'autres, sans qu'on puisse dire comment ni pourquoi. Avec la vigueur surnaturelle des naufragés, elle se jeta et secramponna à l'idée chrétienne de payer généreusement ce qu'il y avait à payer pour elle-même et de secourir de ses tourments les êtres chers que son absence mettait en danger. À partir de cet instant, une force immense lui fut donnée. Sa pauvre âme, portée en haut des douleurs, envisagea sans désespoir les perspectives et les raccourcis de l'enfer. Elle put entendre les malédictions, les exécrations, les mots atroces qui font pleurer les Invisibles, les ricanements qui font apparaître les démons, les cochonneries effroyables, les longs sanglots. Elle put affronter l'obsédante, la terrible plainte des malheureuses appelant leurs pères, leurs maris, leurs enfants, leurs morts. Elle connut le dragon des *pleurs sans larmes* de la Folie qui ressemblent aux hurlements prolongés des chiens lamentateurs.

Ce qui lui coûta le plus, ce fut la Sottise bourgeoise, empanachée, gueulante et oraculaire des internes ou des médecins, à commencer par le vieux drôle déjà nommé, quand il débobinait, chaque matin, devant les lits, sa palabre filamenteuse. Habituée aux vues supérieures de son mari dont elle avait épousé le mépris sans bornes pour la médecine et les saltimbanques homicides qui s'en prévalent, elle se sentit plus blessée des âneries importantes qui se débitaient sur son corps plein de souffrance que de tout le reste. Le jour où cet onagre sans beauté, ayant aperçu son chapelet, proféra le Lieu Commun d'hôpital : « C'est une mystique, il n'y a rien à faire », elle eut honte d'appartenir au genre soi-disant humain d'un tel idiot et se jugea plus profanée par ce crétinisme olympien que par les regards infâmes et la concomitante brutalité des carabins.

Il y a au Mexique, particulièrement à la Vera-Cruz, une espèce de vautour dont le nom m'échappe, lequel a pour fonction d'assainir la ville en dévorant toutes les charognes. Il perche par milliers sur les toits et les murs les plus élevés, observant d'un œil infaillible tout ce qui tombe. C'est à peine si une ordure a le temps de toucher le sol. Cet oiseau est l'objet d'une considération respectueuse. Il ne se donne, pour ainsi dire, pas de fêtes sans lui, et il est défendu de le tuer sous les peines les plus sévères. Telle est la prérogative des malades *assistés* dans les hôpitaux ou les asiles de Paris. On compte sur eux pour engloutir la vieille carne et les autres mangeailles putréfiées dont les cochons ne veulent plus et qu'il serait indélicat d'offrir à d'honnêtes chiens.

Cet expédient offre le multiple avantage de diminuer les chances de peste buboneuse dans les divers quartiers de Paris, de remédier au gaspillage des subsistances, d'atténuer chez les égrotants l'horreur de la mort, enfin et surtout de faire affluer dans les poches laïques et philanthropiques des intéressés la bonne galette sans odeur. Il y a seulement cette différence avec les oiseaux de proie que les malades jouissent d'une bien moindre considération et qu'il est loisible de les crever avec promptitude.

En se souvenant de Dieu, Geneviève put avaler cette ordure, bénie, chaque jour, par les médecins de la maison. Que de choses n'avala-t-elle pas ! Bien qu'elle fût d'une faiblesse extrême et quasi-morte en arrivant, il lui fut accordé de subsister là plusieurs semaines et de survivre a ce qui aurait assommé une géante. Elle a dit plus tard qu'elle ne comprenait pas qu'une vieille gardienne aux trois quarts démente, qui la prit en haine dès le premier jour, n'eût pas réussi à la tuer.

Car l'existence des grabataires est absolument à la discrétion de ces chiennes, — ce qui tombe partout ailleurs sous la rigueur des lois pénales étant là tout à fait normal, toléré et encouragé par les bons docteurs eux-mêmes, qui ne veulent jamais rien savoir. Il faut un Décret spécial analogue à celui de la Création des Anges pour qu'une créature humaine échappe à ces assassins.

Une religieuse — de quel ordre ? — croupissait à quelques pas, échantillon rare et panique de décadence. Geneviève se demanda ce que pouvait être une communauté capable d'envoyer là une épouse de Jésus-Christ. Celle-là se jetait parfois sur ses voisines ou sur les gardiennes en poussant des cris à ressusciter les Innocents massacrés, il y a vingt siècles, par Hérode. Dans ces moments, le Nom de Dieu sortait d'elle, comme l'eau refoulée avec force d'un

CXIX. Plus on est de fous, plus on rit.

puits profond, et il fallait entendre les plaisanteries boueuses des internes, jeunes crapules jutées naguère sur des paillasses de vomissement, dans l'allégresse des gredineries, par des boutiquiers sans horizon.

Une autre en cheveux courts, pas religieuse mais plus effrayante encore, se croyait un homme, s'habillait en homme autant que possible, affectait des allures d'homme et faisait la cour à la surveillante, indéclinable trognon qui passait pour avoir été une jolie fille à la prise de Sébastopol.

Ces deux misérables, — cette aboyante religieuse et cette androgyne, — pouvaient être sûres de leur affaire. Parmi les hideurs de ce canton de l'Abîme où tout est médiocre, même la mort, quoi de plus tragique ?

La dernière vision que Geneviève emporta, pour ne l'oublier jamais, fut celle d'un groupe de folles se cousant des robes blanches pour la Sainte-Catherine qui approchait. L'une d'elles, une sorte de petite jeune fille à l'air vieux, courait sur de hauts talons, de salle en salle, cherchant des rubans qu'elle ne trouvait jamais. Le jour de sainte Catherine venu, les toilettes sinistres s'étalaient, se déployaient sur ces mortes sans repos, allant et venant, avec des manières, sans pouvoir trouver leurs sépulcres.

Geneviève se rappellera toute sa vie — souvenir bizarre et cruel qui flotte obstinément au-dessus d'un cratère de douleurs — une espèce de chanson ou de mélopée, triste comme la mandoline du purgatoire, dont les paroles étaient ordonnées par la démence, mais dont le refrain signifiait cette chose précise qu'on est heureux d'avoir perdu la raison *qui fait tant souffrir !*

Plus on est de fous, plus on rit.

CXX. Tout ce qui brille n'est pas or.

La notion du brillant chez les Bourgeois ne diffère pas de la notion collatérale du reluisant. Esthétique de décrotteur. En littérature, par exemple, Paul Bourget est un brillant écrivain, toujours jeune, et l'auteur de *Quo vadis ?* en est un autre, peu éloigné de resplendir. Toutefois de pareilles opinions supposent qu'on est à la cime de l'intellectualité bourgeoise. À de moindres altitudes, un simple boudin peut paraître aussi éclatant que l'*Iliade*. Mais il ne s'agit pas de ça.

Il s'agit de l'or, non de l'or des cœurs, ni de celui dont la Jérusalem des cieux est bâtie, mais de l'or dont on fait les pièces de vingt francs, et qui n'est précieux que par ce qu'il vaut beaucoup d'argent. Au fond, ce Lieu Commun n'est, ainsi que tant d'autres, qu'une façon quelconque d'exprimer la divinité incommunicable de l'Argent. Car enfin l'or peut être mat et, alors, le brillant ou le reluisant qu'on lui suppose n'égale pas celui d'une paire de bottes, un jour de revue. L'argent lui-même, le sacré argent n'a pas besoin de briller, et la preuve, c'est qu'il y a des torche-cul d'un bleu pâle qui ne valent pas moins de mille francs.

CXXI. Il ne faut pas jouer avec le feu.

Le *Livre des Juges* raconte que Samson prit un jour trois cents renards, attacha à la queue de chacun de ces animaux un brandon enflammé et les lâcha dans les moissons des Philistins. C'est ainsi que jouait avec le feu le Nazaréen terrible. Je rêve parfois d'un Samson moderne qui mettrait le feu au derrière de trois cents bourgeois et les lâcherait au milieu des autres.

Je me demande pourtant si ce petit jeu serait aussi amusant qu'il en aurait l'air. Qui sait si le Bourgeois, même allumé de cette façon, ne deviendrait pas quelqu'un de *prophétique* ? Car le feu est, en même temps, un mot banal et une réalité des plus mystérieuses, et quand il est annoncé, que ce soit à voix basse ou par la clameur désespérée des tocsins, on dirait que c'est lui qui *joue avec l'homme*, tant il affole du pressentiment divin les plus lamentables imbéciles !

CXXII. Le bon Dieu.

Faut-il avoir la conscience en mauvais état pour dire le *bon Dieu* ! J'ai beau faire, je ne me représente pas un martyr faisant usage de cet exemple de la règle des adjectifs. Zola lui-même, quand il paît ses vaches, s'écrie quelquefois : « Grand Dieu ! » si l'une d'elles vient à clocher ou à ballonner. Mais, de la part de ce juste, c'est une exclamation pieuse, un élan du cœur, tandis que le bon Dieu du commun des gens n'implique pas un atome de dévotion.

Le bon Dieu du Bourgeois est une espèce de commis dont il n'est pas sûr et qu'il se garde bien d'honorer de sa confiance. Il le paie mal et se montre habituellement disposé à le congédier, quitte à le reprendre le jour même, s'il en a besoin. Car, il n'y a pas à dire, le bon Dieu est extrêmement décoratif dans les boutiques. On sait cela quand on est dans le commerce ou même dans n'importe quelle manigance qui, sans être précisément le commerce, exige néanmoins ces aptitudes flibustières dont s'honore la Bourgeoisie. Je ne serais pas étonné si, quelque jour, un huissier de grande banlieue me faisait présenter un commandement par le bon Dieu parlant à ma personne.

Enfin, et pour tout dire, le bon Dieu, si rarement, si difficilement avalé par le Bourgeois, est tout de même encore assez demandé par la clientèle et cela vaut qu'on sacrifie bien des répugnances. Entrez n'importe où, vous n'entendez parler que de lui : « Le bon Dieu vous viendra en aide… le bon Dieu s'occupe de vous… le bon Dieu pour tous… le bon Dieu sans confession… la bête à bon Dieu… il n'y a pas de bon Dieu, etc. » Il est vrai qu'on s'en tire à bon marché. Le bon Dieu est tellement dans la misère qu'il se contente volontiers d'une croûte de pain et d'un verre d'eau et qu'il se résigne aux plus bas emplois, sans même obtenir le repos du septième jour. Avec cela, combien de fois ne s'entend-il pas reprocher par les plus intimes du Démon de ne pas valoir le diable !

Et si c'est ce bon Dieu-là qui doit juger toute la terre, le Bourgeois a raison, je pense, de le mépriser et de l'outrager. Le malin qu'il est se prépare ainsi de belles surprises et une émotion éternelle !

CXXIII. La Nature.

Je mentionne celui-ci, parce qu'il me rappelle ma jeunesse. Il est aujourd'hui fort déchu et ne s'utilise guère. On est devenu trop savant. De mon temps, la nature signifiait encore un tas de choses. — Laissez faire la nature, disait-on à tout propos, laissez agir la nature. Maintenant on ne parle plus que de microbes et la nature est remplacée par une seringue. Idole pour idole, j'aime mieux l'ancienne. Elle était agréable à voir, beaucoup moins sotte et beaucoup moins dangereuse. Elle fut adorée, surtout au dix-huitième siècle, époque où subsistait encore en France un vif sentiment du ridicule. Il est certain que notre Bourgeois a perdu ce sentiment là. Sans doute il ne dit plus, comme au temps de Jean-Jacques Rousseau, que le retour à l'état de nature serait l'idéal. Un je ne sais quoi l'avertit qu'il y aurait de l'imprudence à paraître *in naturalibus* à son café, à se manifester brusquement à poil, dans le voisinage des sergots ; mais il supporte et même il sollicite, entre beaucoup d'autres choses, les aventures malpropres et fabuleuses de la médecine contemporaine.

La nature conçue par le Bourgeois moderne, lorsque cette bête puante a reçu un semblant d'éducation, est un prodige d'ânerie et de pédantisme que la brièveté de la vie ne permet pas d'expliquer. Tout ce qu'on peut faire, c'est de rêver sur l'autre prodige qui lui est consubstantiel et qui se nomme la nature même du Bourgeois. De ce côté, on peut dire qu'il y a du grandiose. Il suffirait peut-être de se rappeler le miroir *à la renverse* dont j'ai parlé, où la face de ce dernier des maîtres du monde est reflétée par l'effrayante Face de Dieu.

Vous savez que les philosophes d'*a priori*, ceux qui ne ramassent pas le crottin, ont tous dit, depuis le Calvaire, que la nature de l'homme était un état d'innocence et de perfection d'où il est tombé, en sorte que la Vertu ou la Beauté serait un retour vers le Paradis, juste le contraire de ce qui est enseigné dans les étables. Que penser de la « nature » d'une *légion* hideuse, aux millions de voix méchantes et confuses, demandant avec insolence le rapatriement chez les pourceaux ?

CXXIV. La Science.

Et voici le *labarum* des imbéciles. La Science ! Avant le vingtième siècle, la médecine, pour ne parler que de cette gueuse, n'avait aucun besoin de la science et daignait à peine s'en recommander. Depuis fort longtemps, elle croupissait dans les déjections de ses malades. Maintenant elle piaffe dans sa propre ordure.

La putréfaction se plaignait de n'avoir pas son prophète. Alors Pasteur est venu, Pasteur au nom doux et mélibéen, et le Microbe, en retard de soixante siècles sur la création, est enfin sorti du néant. Quelle révolution ! À partir de lui, tout change. La recherche de la petite bête remplace l'ancien esprit des Croisades. On ne connaît plus que la science. On ne veut plus rien savoir, sinon la science, et chaque matassin revendique son animalcule. Tous les sérums, toutes les pestes liquides, tous les écoulements des morts, tout ce qui se passait naguère au fond des sépulcres, est aujourd'hui restitué à la lumière, préconisé, mobilisé, injecté, avalé. La rage, la tuberculose et le choléra sont devenus des apéritifs ou des pousse-café. Le moujick de la bande vient de découvrir même un jus contre la vieillesse. Il ne tient qu'aux parents d'avantager leurs enfants de quarante ferments d'infection, dès le berceau, et de faire de leurs corps des vases de purulence. Ils sont à l'Institut Pasteur tout un lot de citoyens utiles exclusivement voués à la recherche des moyens de pourrir.

— Oui, monsieur, on les loge pour ça ! me disait, il y a quinze jours à peine, l'interne de la place de la Concorde, et l'illustre empoisonneur Jenner, à qui l'Europe contemporaine est redevable de sa vacherie, ne trouverait plus de litière pour lui-même dans cette maison !…

Ce qui fut, autrefois, la cinquième d'entre les Sept pointes de flammes de la coiffure impériale du Vagabond, la divine SCIENCE est devenue quelque chose de si bas que le Bourgeois y pense atteindre. Faut-il que cette Valeur soit dépréciée pour qu'un imbécile tel que Zola, par exemple, ait l'audace de la tripoter sous les yeux d'un peuple si déchu que nul ne songe à cracher au visage de l'affronteur !

Ah ! que celui-là représente bien cette relavure de l'espèce humaine, cette gringuenaude des siècles qui se nomme le Bourgeois contemporain ; et qu'il doit lui aller au cœur, lorsqu'à tout propos, il invoque ce qu'il ose appeler la Science, dans les pages souillées et indéchiffrables de ses romans vomitifs ! La science pour aller vite, la science pour jouir, la science pour tuer ! La science avilie jusqu'à paître les propriétaires, jusqu'à nettoyer le chenil des brutes féroces dont le Pauvre est épouvanté !

CXXV. La Raison.

« La raison, a dit Malebranche, est la sagesse de Dieu même, » définition qui ne paraît pas convenir à ce que les commerçants nomment la *raison sociale*. Et pourtant, qui sait ?…

On a dit tout ce qu'on a voulu de la Raison, mais l'opinion la plus achalandée, c'est qu'elle est *opposée à la Foi*. Ce qui le prouve, c'est l'horreur universelle des gens raisonnables pour le nombre *treize* et leur unanime répugnance à commencer leurs saletés le vendredi. J'ai connu un fougueux adversaire du christianisme qui mettait sournoisement ses chaussures dans la cheminée, la nuit de Noël. Le Vénérable de sa loge, informé de cette manie, lui persuada de les mettre bonnement et *raisonnablement* derrière la porte des lieux, ce qui est, sans contredit, beaucoup plus conforme aux traditions de la Libre Pensée.

CXXVI. Le Hasard.

Un heureux hasard, un hasard *providentiel*, le hasard a voulu, le hasard a permis, il faut laisser quelque chose au hasard, etc. Donc le hasard est Dieu, tout le prouve etc. — qu'on y fasse bien attention ! — il est le seul et dernier Dieu qui obtienne encore, aujourd'hui, l'adoration des imbéciles, ce qui suppose un sacré tonnerre ! Mais, tout de même, il faut avouer que c'est là un bien drôle de Dieu qui n'a qu'une puissance positive, sans un atome de puissance *négative*. Oh ! je sais que ce n'est pas très clair ce que je dis là. Fort heureusement j'ai sous la main la lettre d'un aliéné dont voici un lucide extrait :

« Vous le savez, cher monsieur, j'ai donné ma vie entière au hasard, comme cela se doit quand on sait qu'on a été créé et mis au monde par le hasard et qu'on subsiste par la volonté du hasard...
« L'éléphant le salue au lever du soleil... » a dit Chateaubriand. Dès ma plus tendre jeunesse, j'ai voué ma virginité au hasard, ce qui était, vous en conviendrez, une façon bien édifiante et bien ingénieuse de la perdre. J'ai constamment vécu, pensé, agi, aimé au hasard.

« Ma fortune étant un obstacle, je me suis hâté de la jeter aux jeux de hasard. Devenu libre, alors, j'ai connu le bonheur de manger et de dormir par hasard. Au contraire de tant de gens dont le sens religieux est oblitéré et qui disent qu'il ne faut pas tout abandonner au hasard, je n'ai rien gardé pour moi. Inutile d'ajouter que j'ai une femme de hasard et des enfants qui sont vraiment les fils du hasard, on peut le dire.

« Eh bien ! l'avouerai-je ? avec cela, je ne suis pas content. Le Dieu que j'adore manque de Décalogue et de Sinaï. Le Hasard n'a pas de Commandements. Il peut tout, il veut tout et il fait tout, mais il ne s'oppose à rien, ne *défend* rien. Essayez de dire : Le hasard n'a pas voulu, le hasard n'a pas permis, le hasard est offensé, le hasard punit, vous n'y parviendrez jamais. Avec lui pas de transgression possible, pas de péché. Quand on fait la noce, c'est assez amusant, je ne dis pas non, mais, à la longue, c'est exaspérant… »

J'interromps ici cette lettre qui devient tout à coup d'une impudicité surprenante, sans qu'il soit possible de dire pourquoi. J'ai seulement retenu cette prosopopée finale qui paraît s'appliquer aux bourgeois, mais dont j'ai eu quelque peine à identifier la destination : « Oh ! les cochons ! les cochons ! les cochons ! »

CXXVII. La nuit du Moyen Âge.

Autrefois, il y a cinquante ans à peine, la nuit ou, si on veut, les ténèbres du Moyen âge étaient rigoureusement exigées dans les examens. Un jeune bourgeois qui aurait douté de l'opacité de ces ténèbres n'aurait pas trouvé à se marier.

Aujourd'hui, grâce à l'art industriel propagé par les cabarets chanteurs, la société bourgeoise, déjà si ragoûtante, est devenue moyenâgeuse. Elle a des vitraux en culs de bouteilles, des stalles, des huches, des tapisseries, des crédences, de la faïence et du fer forgé. Tout cela sans ruine ni douleur. Un patron de bazar qui n'est pas une brute doit pouvoir improviser une collection Du Sommerard en vingt-quatre heures. Désormais la Lampisterie et la Confection ont de quoi répondre aux artistes. On ne la leur fait plus. Elles la connaissent dans tous les coins.

Il est vrai que cet unique bec de gaz étant allumé, la fameuse nuit continue. Accordons l'art, cet art-là, bien entendu, puisqu'on y tient et que cela fait aller le commerce. Mais à cela près, comment refuser les ténèbres à une époque où tout le monde croyait en Dieu ?

CXXVIII. L'Inquisition.

Celui-là n'a pas bougé. Il est exactement au même point qu'il y a cent ans. Les auto-da-fé, les bûchers, les san-benito, les brodequins, les chevalets, les cabestans, les tenailles, les pals, les scies, les limes, les fouets, les clous, les grils et les crics, ça va toujours. L'instrument de torture est un article courant et de première nécessité. L'âme du gazier et celle du planeur ont besoin d'être persuadées que l'histoire de l'Église est une longue friture. Le Bourgeois, quel que soit son métier, peut douter d'une addition, mais il *sait* qu'il y a eu un ou plusieurs ordres religieux institués à l'unique fin de brûler à petit feu les penseurs ou de les écorcher de la tête aux pieds.

Ah ! ces *penseurs*, mon enfance en a-t-elle été assez farcie, comblée, bondée, obstruée, saturée, soûlée. C'était au point que tout prêtre m'apparaissait au milieu des flammes et des échafauds, environné de pensantes victimes. Ce qu'il y avait de plus atroce, c'est que plus on était vertueux et plus on pensait, moins on échappait à ces tigres. Que de larmes ! que de cris ! que de hurlements de désespoir ! et, de ma part, que de juvéniles épiphonèmes ! que d'imprécations ! Tout cela venant à se combiner avec les hennissements euphoniques de la puberté, je commençai à devenir moi-même un penseur...

Le décor et la mise en scène des supplices ont quelque chose de si captivant que des hommes qu'on aurait pu croire situés à une certaine distance des boutiques et qui n'étaient pas nécessairement séquestrés dans une ignorance imprenable, des poètes tels que Victor Hugo et Villiers de l'Isle-Adam, ont navigué avec bonheur dans les vieux bateaux à voiles de l'Inquisition d'Espagne. Chacun d'eux a fait son Torquemada.

Villiers seul, qui se croyait catholique, s'est avisé d'un Pierre d'Arbuès, premier inquisiteur de la foi en Aragon, assassiné par les Juifs, en 1485 au pied de l'autel et canonisé par Pie IX. Ce saint et même ce martyr est montré par l'auteur des *Histoires insolites* dans la posture d'un opiniâtre et sanguinolent papelard qui exhorte à l'amour divin en faisant craquer les os...

Alors que voulez-vous ! On a envie de les embrasser en pleurant, les bourgeois et leurs sous-bourgeois qui poussent dans l'ombre de ces montagnes et qui, peut-être, crétinisent avec innocence.

CXXIX. La Saint-Barthélemy.

Ah ! par exemple, je renâcle à la série. J'ai pu consentir, héroïquement, à l'observation de quelques âneries jugées par moi-même singulières et prototypiques, mais je m'arrête là. Qui sait si on n'exigerait pas bientôt que je m'attardasse à la Révocation de l'Édit de Nantes, acte le plus honorable du règne de Louis XIV et qui fait braire la moitié de l'Europe depuis deux cents ans ? Ne faudrait-il pas, immédiatement après, dire quelque chose de la Bastille, de la Liberté de Conscience, des Droits de l'homme, du Suffrage universel, des arts d'agréments et, peut-être aussi, du sourire mystérieux de la Joconde ? Alors, zut et zut !

Pour nous en tenir à la Saint-Barthélémy, qui aurait pu être un des moments les plus agréables de l'histoire de France, j'avoue avoir éprouvé une bien pénible confusion toutes les fois qu'en Danemark, en Suède, ou dans tout autre pays protestant, on m'en a parlé. En effet, il se dit communément, dans ces banlieues, que cette fête fit couler le sang de plusieurs *centaines* de milliers de calvinistes au cœur pur, rien qu'à Paris.

— Plût à Dieu ! me suis-je écrié, chaque fois, douloureusement. Vous représentez-vous l'humiliation de rectifier, par les humbles chiffres trop certains, ces chiffres grandioses ! J'étais dans la situation d'un malheureux supposé riche et forcé d'avouer son dénuement. Cette humiliation dure toujours, atténuée un peu, il est vrai, par la certitude consolante que les calvinistes, aujourd'hui, s'entrecrèvent eux-mêmes volontiers, le plus gentiment du monde.

Tout de même c'est dur, pour un catholique, de ne jamais voir la fin de cette ironie, de toujours subir, ici ou là, en France aussi bien qu'à l'étranger, depuis environ 330 ans, la dérisoire vitupération des imbéciles pour l'atrocité, malheureusement imaginaire, d'un vieux Fait-Paris qui eût pu être un si grand acte, mais qui, par l'effet d'un concert inouï de maladresses, n'a été, hélas ! rien de plus qu'une espèce d'effusion sentimentale.

CXXX. Il y a du bon dans toutes les religions.

« Cher ami, j'ai besoin de vous ce soir. Peut-être serez-vous forcé de passer la nuit. Il se pourrait même qu'il y eût quelqu'un à assommer. C'est très sérieux et profondément original. Songez qu'il s'agit de capturer un non moindre seigneur que mon *propriétaire*, violemment soupçonné de cambrioler en personne le locataire que je suis. Vous comprenez que, pour tirer de cette occasion tout le profit qu'on en peut attendre, j'ai besoin d'un *témoin*. Venez donc, mais pas trop tard. Il ne faut pas qu'on s'aperçoive que j'ai reçu du renfort. »

Lorsque j'écrivis cette lettre, il y a quelques ans, j'habitais un pavillon isolé près des fortifications et j'avais, en effet, la certitude que mon cher voisin et propriétaire s'introduisait la nuit dans ma cave pour soutirer mon vin et déménager mon charbon. Ce propriétaire était le même père Édouard que j'ai essayé de peindre plus haut, quand je me suis occupée de « la crème des honnêtes gens ». Le fait est qu'il avait sur sa figure toutes les vilenies et toutes les fraudes.

Mon plan était d'une simplicité divine. J'avais fait venir très ostensiblement quelques provisions de nature à le tenter, et, la porte de ma cave ouvrant sur le jardin, j'avais laissé la clef dans la serrure comme pour l'inviter. Tout était machiné de telle sorte qu'il lui était impossible de ne pas tomber avec fracas aussitôt qu'il aurait franchi le seuil. Me précipitant alors, j'espérais arriver assez promptement pour l'enfermer. Il eût été, dès cet instant, tout à fait à ma merci et, sous la menace du commissaire de police et de la correctionnelle, j'eusse tiré de lui avec la plus grande facilité, non seulement une indemnité sérieuse, mais la quittance en règle de plusieurs termes. Le concours de mon ami, garçon robuste et pèlerin très subtil, assurait indiscutablement le succès de la manigance.

Je me hâte de dire que le complot n'eut aucun succès. Le vieux drôle vint très tard, lorsque nous étions assoupis et découragés. Réveillés par sa chute, mais déçus par son incroyable agilité, nous eûmes la mortification de le voir s'échapper sans qu'il nous laissât l'ombre d'une preuve, ayant à peine reçu dans le bas des reins le coup de trique lancé au juger que l'un de nous lui décocha au dernier instant.

— Eh ! bien, monsieur Édouard, lui demanda mon ami, quelques heures après, comment va le cambriolage ? Le père Édouard, qui savait être sourd quand il le fallait, en profita pour faire cette réponse extraordinaire :

— Oh ! mon cher monsieur, *il y a du bon dans toutes les religions !*

Quelque temps auparavant, le grand rabbin Zadoch Kahn m'avait,

CXXX. Il y a du bon dans toutes les religions.

à propos d'un de mes livres, servi ce Lieu Commun admirable qui paraît être le commencement de l'Évangile selon saint Jean pour les imbéciles et les malfaiteurs.

CXXXI. Avoir l'esprit faux. Exagérer.

Qu'est ce qu'un esprit faux ? C'est un esprit qui exagère. Qu'est-ce qu'un esprit qui exagère ? C'est un esprit qui dit : *Oui* ou *Non*. (Évangile selon S. Matthieu, chap. V, v. 37.)

Combien de fois ai-je eu l'occasion d'observer qu'il n'y a pas UNE parole de la Sagesse éternelle qui ne reçoive chaque jour de la sagesse bourgeoise le plus parfait démenti !

CXXXII. Il ne faut pas voir les choses trop en noir.

Un peu, passablement, beaucoup même, si vous voulez, mais pas trop. Enfin la juste mesure, vous m'entendez bien. Une sagesse aimable conseillerait plutôt de les voir en rose ou en blanc. Tel est, du moins, l'avis du Premier Homme qui ne veut pas que les mourants soient avertis de la mort « même s'ils le désirent ». Cela il ne le veut absolument pas. Le coma lui semble préférable à l'action de se préparer à mourir et « l'usage atroce » de l'extrême-onction le révolte singulièrement.

Je lis ces choses dans une chronique du *Journal* où elles sont, d'ailleurs, tout à fait à leur place, la feuille de feu Fernand s'adressant à un public heureusement délivré des « exigences cruelles de la foi ». Le Premier Homme parle beaucoup de la pitié, à cette occasion. Voici la dernière phrase, digne d'être citée, car elle m'a évoqué, prophétiquement, l'assistance de crocodiles et de singes féroces que la conscience définitivement libérée du vingtième siècle prépare aux agonisants.

« Instruisons-nous dans la pitié, la douceur et la compassion, même s'il s'agit de voiler les signes de la mort accourue au chevet du malade. Habituons-nous *moins au dévouement qu'à la* Politesse bienfaisante qui de chacun écarte les peines inutiles et les chagrins superflus. »

Il est évident que, « le salut de l'âme ayant cessé d'être l'essentiel », le comble de cette politesse consisterait à expédier les malades subito, puisque, par là, on leur épargnerait sûrement les affres et les douleurs. Plusieurs siècles avant l'ère chrétienne, des anciens avaient trouvé ça.

Pour ne parler que de ce degré de politesse qui consiste à laisser croire aux mourants qu'ils peuvent guérir, le Premier Homme sait-il qu'il est pratiqué fort assidûment et devine-t-il pourquoi ? S'il avait l'avantage de connaître le curé d'une paroisse quelconque, ce ministre superflu pourrait lui apprendre que la plupart des bourgeois meurent sans confession *parce qu'il faudrait restituer*. La famille, qui craint ce dénouement d'une existence de coquineries et de brigandages, fait la garde la plus sévère autour du moribond pour qu'il « ne voie pas les choses trop en noir ». Le prêtre, quelque demandé qu'il ait été, n'est introduit que lorsque son ministère est devenu inutile et, pour cela, les plus sacrilèges mensonges paraissent licites.

Je serais curieux de savoir quel doit être, en pareil cas, le bénéficiaire de la compassion du Premier Homme, car, enfin, il y a trois personnes morales en présence, également dignes d'intérêt : le moribond, les héritiers du moribond et les étrangers volés par le moribond. Il est indispensable de choisir. Si on cache au voleur qu'il est sur le point de crever, il ne songera guère à restituer. Si on l'avertit, il est probable qu'il n'y songera pas davantage, même après les exhortations du prêtre, mais il y aura des chances. Ce sera une affaire de tous les diables, c'est le cas de le dire. Encore une fois, sur qui tombera la miséricordieuse pitié du Premier Homme ?

Je parlais tout à l'heure du démenti continuel infligé par le Bourgeois au Texte sacré. Le même, à son lit de mort, me fait penser, — tellement il est suggestif ! — à l'adolescent de l'Évangile qui, ayant demandé à Jésus ce qu'il fallait faire pour avoir la vie éternelle, en reçut cette réponse qu'il fallait tout donner aux pauvres, et s'en alla plein de tristesse. *Abiit tristis.*

Post-scriptum. — L'Évangile ne dit pas *trop triste*, « nimis tristis », mais triste seulement, sans excès. Le Bourgeois peut se passer de la vie éternelle. C'est ce qui le distingue des brutes.

CXXXIII. À quelque chose malheur est bon.

Le malheur des autres, cela va sans dire. Il n'y a même que cela de bon. Il est assez difficile de se figurer une chose heureuse arrivant à un voisin de campagne, par exemple, et dont on puisse tirer parti. La preuve, c'est que le bonheur des uns ne fait pas le bonheur des autres, comme le dit fort exactement un autre Lieu Commun presque identique.

Votre meilleur ami vient d'hériter inopinément de plusieurs centaines de millions de francs. Eh bien ! il est probable que vous n'en tirerez pas un centime. Peut-être même entreprendra-t-il de vous dépouiller, car il vous ressemble comme un frère.

Ce qui est incontestablement bon, c'est de voir souffrir le prochain, de savoir qu'il souffre. C'est bon en soi et c'est bon par les conséquences, puisqu'un homme abattu est un homme qu'on peut manger. Or, il est bien connu qu'il n'y a pas de chair, pas même celle du cochon, qui soit aussi savoureuse.

CXXXIV. Tout vient à point à qui sait attendre.

Une famille chrétienne. Le meilleur morceau est offert au père. *Sans y toucher*, le père l'offre à la mère. La mère le donne aux enfants, qui le donnent à un pauvre qui le jette aux chiens.

Les chiens savent attendre le Corps de Notre Seigneur Jésus-Christ.

CXXXV. La santé avant tout.

Eh quoi ! même avant l'argent ? — Oui, mon enfant, avant tout, absolument. Ménage ta viande, c'est ce que tu as de plus précieux et ça ne se remplace pas. Fais-la durer le plus possible, en jouissant de ton mieux. Il faut ce qu'il faut et la vie est courte. Les curés ont beau parler de la vie éternelle, crois-en ma vieille expérience, il vaut mieux tenir que courir et il est plus agréable de payer la cuisinière que le pharmacien. Pour ce qui est de l'argent, il n'est pas perdu parce qu'on se soigne, au contraire. Il y a des moments où il faut savoir le laisser dormir. On ne se rattrape que mieux sur la clientèle.

Napoléon disait que la santé est indispensable à un général. Eh bien ! qu'est-ce que le commerce, veux-tu me le dire, s'il n'est pas la guerre ? Toute personne qui met le pied dans notre boutique est un ennemi. « Le client, voilà l'ennemi ! » a dit Gambetta, ne l'oublie jamais, mon fils. Le vrai commerce, le commerce bien compris, celui qui mène à la fortune et aux honneurs, consiste à vendre vingt francs ce qui a coûté cinquante centimes, comme font chaque jour les apothicaires les plus honorables. Il est vrai que cela leur est facile, puisque leur marchandise échappe au contrôle du vulgaire. Pourtant, c'est l'idéal.

Tu sais aussi bien que moi que, dans tout ce qui regarde l'alimentation, par exemple, la première chose à apprendre, l'*a b c* du métier, c'est de ne servir que des saletés, en ayant soin, ai-je besoin de le dire ? de toujours peser dans le coin le plus obscur, avec une extrême rapidité de mouvements, en sorte que le client n'ait absolument pas ce qu'il achète, ni comme quantité, ni comme qualité.

J'ai travaillé autrefois chez le célèbre Gibier, de la maison Caverne et Gibier, qu'on regarde généralement comme le Masséna ou le Cambronne de l'épicerie. Je me rappellerai toute ma vie la physionomie vraiment héroïque et l'austère simplicité de ce grand vieillard, lorsqu'il nous disait :

— Apprenez, mes amis, que je n'ai jamais vendu que de la merde ! et toujours à faux poids, surtout aux pauvres qui n'ont pas de balances chez eux. Pour ce qui est de la monnaie, je peux me rendre à moi-même ce témoignage que j'ai toujours su faire passer les mauvaises pièces. Il m'est arrivé, dans les coups de feu, de faufiler jusqu'à des boutons de culotte. Mais il faut de la santé pour ça, une santé de fer, car il faut être continuellement sur la brèche et ne jamais prendre un jour de repos ni mépriser les plus légers gains, eût-on attrapé cinquante millions.

Médite ces hautes paroles, mon cher enfant, et, encore une fois, soigne ta carcasse. La santé avant tout.

CXXXVI. Dieu ne fait plus de miracles.

C'est une manière conciliante, bénigne, quasi-pieuse, de dire qu'il n'en a jamais fait. C'est le Lieu Commun préféré de l'abbé Pucelle et de combien d'autres encore parmi les ecclésiastiques ou les laïques dévots !

Un jour, il y a environ dix ans, je fus présenté à un monsieur qui, apprenant mon nom, entreprit aussitôt de m'étonner et me déclara qu'il jugeait puéril d'attendre ou d'espérer de grandes choses, ou même simplement des choses extraordinaires.

— En ce qui me concerne, ajouta-t-il, j'affirme qu'il ne m'est jamais rien arrivé.

L'énormité de la sottise me paralysa un instant, puis je présentai doucement cette objection :

— Il faut, monsieur, que vous soyez bien inattentif ou bien ingrat, puisque vous semblez choisir pour me dire ça le moment où il vous arrive précisément une chose inouïe que vous n'auriez jamais prévue ni espérée.

— Et laquelle ? demanda cet homme surpris.

— Vous avez eu l'honneur de me rencontrer, répondis-je avec une grande simplicité, en tournant le dos à cet imbécile.

CXXXVII. Je ne suis pas plus bête qu'un autre.

Donc je possède une intelligence au moins égale à celle de n'importe qui. Cette conséquence ne paraît pas rigoureuse, mais il en est de la logique des bourgeois comme de certaines lois grammaticales que l'usage seul détermine. Si le vieux marchand de parapluies disait au jeune télégraphiste : « Je ne suis pas plus bête qu'un autre et la *preuve*, c'est que je vous ai vu naître », il est certain que le papetier et le fabricant de galoches ne manqueraient pas de crier à l'évidence.

La force d'un homme qui peut affirmer, en conscience, qu'il n'est pas plus bête qu'un autre est incalculable. Il y a un tel mystère dans ce diable de Lieu Commun qu'on est presque tenté de croire qu'il peut bien avoir été pour quelque chose dans la création du monde.

Vous faites lire à votre médecin, à votre dentiste, à votre entrepreneur de pompes funèbres, à votre empailleur, à votre notaire, une phrase magnifiquede Barbey d'Aurevilly, de Villiers de l'Isle-Adam, une pensée ingénieuse d'Ernest Hello, une vivante strophe de Paul Verlaine. Que répondront ces hommes ? Simplement ceci : « Nous ne comprenons pas. Cependant nous ne sommes pas plus bêtes que d'autres. » Et, à l'instant, sans qu'un ange même pût dire pourquoi, Verlaine, Hello, Villiers, Barbey et même, si vous voulez,

Napoléon et tous les grands personnages seront aperçus sous leurs pieds...

L'universelle supériorité de l'homme qui n'est pas plus bête qu'un autre est ce que je connais de plus écrasant.

CXXXVIII. Qui veut la fin veut les moyens

et
Il n'y a pas de petites économies.

Je ne sais plus pour quelles raisons les époux Chien avaient intérêt à la mort de leur enfant. Je ne l'ai peut-être jamais su. Il y a si long-temps ! J'avais tout au plus vingt ans et je n'ai jamais rien compris aux combinaisons ni aux micmacs des notaires. Je sais seulement qu'après l'enterrement du petit Chien ses parents devaient « entrer en jouissance » d'une jolie somme. Il faut leur rendre cette justice que, dès l'instant où cet intérêt prit place dans leur vie, ils ne son-gèrent qu'aux moyens d'en exclure le pauvre enfant. Il serait témé-raire pourtant de conclure que les Chien étaient des canailles. Ils étaient des bourgeois, rien que des bourgeois et, passaient à juste titre pour de fort honnêtes gens. Étant à leur aise, ils avaient hor-reur des nuages, voilà tout.

Le mari avait une bonne place à l'Hôtel de ville et la femme tenait un cabinet de lecture ou d'aisances, je ne me rappelle pas exac-tement. L'un et l'autre, d'ailleurs, appartenaient à la catégorie des bien pensants. Ils se seraient fait scrupule de manquer la messe le dimanche et ils patronnaient des œuvres. On disait d'eux avec respect : « Ils ont ceci et cela, sans compter les espérances. » Les espérances, c'était la mort du petit Chien et on les enviait en les plaignant.

— Pauvres Chien ! c'est tout de même vexant pour eux d'avoir ce gamin qui serait si bien avec le bon Dieu ! Tel était le cri général.

Ils avaient un partisan très déterminé dans la personne du gros quincaillier Minet, qui était l'oracle du quartier. — Ah ! si j'étais à leur place !... gueulait-il de temps en temps. Il n'achevait pas, mais, le geste de sa main pliée en équerre dans la direction du sol et coupant l'air de gauche à droite au-devant de sa poitrine, soulignait assez clairement un clin d'yeux qui en disait long.

Le curé lui-même, auteur praliné d'un livre sur la *Pureté d'intention*, les consolait avec amour, les exhortant à porter leur croix jusqu'à ce qu'il plût à Dieu de les en débarrasser. Bref, ils jouissaient de la sympathie universelle et, quand on apprit la mort du petit Chien, le quartier se sentit allégé d'un poids.

Oh ! ses parents ne l'avaient pas tué. Ils l'avaient fait *vivre vite*, rien de plus. Ce n'était pas leur faute, après tout, si les enfants n'ont pas l'endurance des chameaux de Tartarie. Celui-là avait à peine cinq ans et on le forçait à marcher jusqu'à des dix heures par jour pour lui faire de la santé. La nourriture, toujours succulente, était en proportion de ce salutaire exercice. Jamais enfant ne fut mieux nourri. Quant au sommeil, on s'arrangeait pour qu'il n'en abusât pas, et comme on le destinait à la carrière des armes, on l'y préparait déjà, en multipliant les alertes nocturnes. Etc., etc.

Le futur soldat fut expédié en quelques mois. Quelqu'un qui voit à travers les murs m'a dit que, lorsque ces deux monstres étaient seuls avec leur victime, ils décollaient leurs masques et que c'était épouvantable. Pauvre petit être sans défenseur ! Les détails ne peuvent s'écrire… On sait que les larmes des faibles sont, pour les bourgeois, comme du vin de la Vigne de Dieu…

Assassiné de fatigues, d'indigestions, d'insomnies, muet de terreur et immobile, le pitoyable enfant des Chien descendit dans la mort sans faire plus de bruit qu'un petit bonhomme de plomb qui descendrait au fond d'un lac.

Je rappelle cette histoire affreuse, parce qu'elle est exacte, *universelle* et profondément typique. Il y eut, à l'enterrement, un tout petit fait d'une lésinerie trop infernale pour que j'ose le raconter, mais dont l'assistance fut émerveillée.

— Il n'y a pas de petites économies, répondit modestement l'heureuse mère à un vieillard dans les enduits qui essayait de lui exprimer son admiration.

CXXXIX. Faire contre mauvaise fortune bon cœur.

Si vous voulez mon avis, c'est bien simple. Ce que nous appelons mauvaise fortune dans le commerce, c'est d'être dans le cas de ne pouvoir régler nos échéances, et ce que nous appelons « bon cœur » c'est de foutre le camp si nous ne trouvons aucun expédient.

On s'exprime comme ça parce qu'on a tout de même un restant de poésie. Mais si c'est la femme du commerçant qui sauve la mise en payant de sa personne, chose qu'il faut toujours prévoir dans les affaires, il est sûr que le *cœur* n'a rien à y voir. Vous m'entendez bien.

CXL. Avoir du cœur, un bon cœur.

Une vierge qui fait la noce pour nourrir ses vieux parents a certainement du cœur. Une autre qui fait la noce pour entretenir un noble jeune homme a indiscutablement un bon cœur. Une troisième qui ne fait pas la noce du tout et qui veut épouser un pauvre est radicalement dénuée de cœur. Voir *Les demoiselles de Bienfilâtre*.

CXLI. Avoir de l'amour-propre.

La femme du chef de bureau a de l'amour-propre et la concierge a *son* amour-propre. Mais c'est toujours le même bijou.

« Je sors de moi pour n'y plus rentrer », a dit, un jour, sainte Catherine de Gênes, et c'est un des plus grands mots qu'on ait entendus.

L'amour-propre consiste à être toujours *chez soi*. On a remarqué que les honnêtes gens sortent plus rarement que les assassins. C'est la seule différence considérable entre les deux genres.

CXLII. Avoir le travail facile.

C'est le degré le plus haut, l'échelon suprême dans la hiérarchie intellectuelle des bourgeois. Les notaires et les matelassiers pensent qu'un grand homme doit avoir le travail facile. Un écrivain de génie qui peine mortellement, plusieurs années, sur trois ou quatre cents pages, incarne pour eux la plus honteuse impuissance.

Entre quinze et vingt ans, j'ai furieusement entendu parler d'Alexandre Dumas père qui était encore, à cette époque, l'interminable pluie de mucus tiède qui parut à deux générations de graveurs sur bois la rupture ou l'éclatement des cataractes de la lumière. — En voilà un qui a le travail facile ! disait-on, en computant et en supputant les deux ou trois cents volumes de ce noir.

Aujourd'hui, il y en a d'autres, prétendus faciles, qui ont un mal inouï à sortir leurs glaires et leurs catarrhes. C'est consternant de songer qu'un polygraphe comme Bourget, dont les écrits ressemblent à une diarrhée de colle de poisson, est pourtant l'un de nos faiseurs les plus opiniâtrement constipés.

Mais ne multiplions pas cet exemple. Se crever en accomplissant du travail facile, tel est le cas plus que bizarre d'une multitude littéraire. Faut-il conclure qu'il en est ainsi dans les autres troupes contemporaines, et dois-je croire que mon épicier, par exemple, gros imbécile gouverné par la plus rosse des femmes, a besoin de se fendre en quatre et de suer sang et eau pour me filouter ?

CXLIII. Avoir de la chance.

On dit communément qu'un citoyen français a de la chance quand il a un père qui est né avant lui. On suppose, ai-je besoin de le faire observer ? que ce père a de l'argent. Autrement, ce serait la guigne. Mais cela, c'est le comble de la chance.

En général, avoir de la chance consiste à *écoper* le moins possible, c'est-à-dire à être du petit nombre de ceux qui échappent aux coups de trique ou aux coups de pied dans le derrière que tout le monde paraît avoir mérités. Dans cet ordre d'idées, il est sûr qu'aux yeux du Bourgeois explorant, des cimes qu'on sait, l'histoire du monde, le Patriarche Noé a eu *de la chance*. La langue, ici, est à la hauteur de la pensée.

Il est, d'ailleurs, indifférent que le mot « chance » soit inintelligible, absolument et à jamais. C'est assez qu'il ajourne ou qu'il écarte la notion de Justice. On ne lui demande pas autre chose.

CXLIV. Avoir du pain sur la planche.

Cela s'entend ordinairement des individus qui ont « du foin dans leurs bottes » et qui jouissent de ce qu'on appelle « une honnête aisance », depuis les 15 francs de rente annuelle de votre serviteur jusqu'aux millions de revenu possédés par d'autres et ramassés autrefois par un saint aïeul, calviniste ou luthérien, dans le sang des catholiques éventrés. Car telle est l'origine des grandes fortunes protestantes.

Mais, la plupart du temps, ce *pain* ne profite guère, surtout aux pauvres. Quand il n'y en a que quelques miettes, ça se mange encore. Quand il y en a trop, ça ne se mange pas du tout, ça devient des pierres et c'est avec le pain sur la planche des bourgeois de Jérusalem que fut lapidé le Proto-martyr.

CXLV. Entretenir des danseuses.

Comment ai-je pu l'oublier jusqu'à cet instant ? Je l'ai tellement entendu, celui-là, qu'il a fini par ne plus exister pour moi. C'est comme l'éternel « Bonjour, monsieur » du premier venu qu'à la longue il est impossible d'entendre. Songez que, depuis cent ans, au moins, il n'y a pas eu un poète, un artiste remarquable qui n'ait entretenu des danseuses pendant son adolescence et aussi longtemps que durèrent ses trop faciles études.

Tout le monde sait derrière les comptoirs, surtout en province, que les études d'un peintre, par exemple, ne sont qu'une vaste rigolade. Pour ce qui est des commencements littéraires d'un poète, c'est bien autre chose et on doit se garder d'y faire allusion devant les jeunes filles.

Ô les farces de ma jeunesse ! Ô les danseuses que j'entretins dans la rutilance de mes vingt ans ! Mais qu'est-ce que cela ? Chacun ne sait-il pas, dans les boutiques du détail et sur les ronds de cuir méthodiquement soufflés des administrations de l'État, que je *continue* ? Comme toujours, le Bourgeois voit clair.

Cependant, il y a un point obscur. Où diable ces noceurs d'artistes vont-ils chercher leurs danseuses ? Une si constante et si nonpareille orgie en suppose un nombre infini. L'explication trop simple, hélas ! ne peut qu'aggraver le triste cas des poètes.

Ces danseuses ne sont qu'*une* danseuse, toujours la même depuis des générations. Elle a des yeux qui ressemblent à des lampes suspendues dans des cavernes, elle a le teint plombé, la face en tête de mort, les doigts crispés sur sa gorge flétrie et, si vous voulez le savoir, elle danse la danse du *ventre*devant les buffets des cimetières...

CXLVI. Les absents ont toujours tort.

Cela signifie, personne, je pense, ne l'ignore, que les absents doivent être invariablement carottés, filoutés, flibustés, refaits, dévalisés, cambriolés, volés, grugés, pillés, dépouillés, trompés, vendus, trahis et calomniés de toutes les manières imaginables. Là-dessus tout le monde est d'accord. On peut même dire que c'est une des dispositions essentielles de la Loi bourgeoise.

Cela doit avoir un sens profond, comme tout ce qui vient des imbéciles ou des canailles. Si vous êtes curieux de savoir à qui vont tous les outrages, toutes les iniquités, toutes les horreurs du Crucifiement, demandez-vous *Qui* est le plus absent de ce monde abominable.

CXLVII. L'argent se cache.

— Je vais révéler le plus grand secret que je connaisse, disait un illustre philosophe qui s'est tué à force de penser. Et il ajouta, non sans avoir pris quelques précautions contre un cataclysme soudain :

— Eh bien ! mes amis, *l'argent se cache !*

CXLVIII. Je veux dormir tranquille.

Tel fut le dernier mot de la propriétaire. Le temps des combats était passé pour elle. À son âge, elle avait besoin de dormir tranquille. Il lui fallait des locataires sûrs, de bonnes garanties.

— Vous avez bien raison, madame, répondit le visiteur qui avait eu le temps d'examiner les êtres, si ça ne tient qu'à moi, vous dormirez. Et il s'en alla.

Mme Mouton était une horrible vieille qui se chauffait à son argent, quand il faisait froid. On la disait fort riche et son avarice était un prodige, même dans cette atroce banlieue de petits bourgeois.

Feu Mouton avait gagné ce qu'il avait voulu dans l'exploitation du lait fécondé dont il était l'inventeur et qui était un produit sans rival pour la destruction des petits enfants. Ravi de bonne heure à la tendresse de son épouse, il était allé l'attendre dans un mausolée d'une hideur extraordinaire. C'est là que j'ai lu, non sans effroi, au-dessus d'une entrée bizarre, ces mots incroyablement tirés de l'Évangile : *Frappez et l'on vous ouvrira…*

Cette inscription n'eût pas été à sa place à la porte de la maison de la veuve. Quand on avait carillonné plusieurs fois, on voyait lentement s'ouvrir un guichet étroit et, dans ce cadre, apparaissait une chose fantastique. Le visage affreux de la vieille à côté de la gueule féroce d'un énorme chien danois appuyé des deux pattes sur les épaules de sa maîtresse. Elle parlait alors au survenant d'une voix de gendarme où il y avait autant de haine que de peur. Si on était un pauvre, le guichet se refermait violemment avec un blasphème. On ne parvenait à franchir le seuil qu'à titre de locataire futur et muni de certaines références. Dans ce cas, on traversait une cour et un morceau de jardin pour arriver à un pavillon sinistre en compagnie de Mme Mouton et de son molosse.

Ce pavillon rongeait la propriétaire. Elle ne pouvait, en aucune façon, l'utiliser et cette non-valeur la désespérait. D'un autre côté, elle ne pouvait pas davantage se résoudre à prendre un locataire, quelles que fussent les garanties. C'était pour elle aussi grave que le choix d'un amant pour une femme honnête. Jamais elle n'avait pu se décider.

Le vrai, c'est qu'elle avait horriblement peur d'installer si près d'elle un étranger. Elle était l'avare classique, la vraie, celle qui adore le métal, qui le baise avec transport, qui souffre de ne pouvoir le manger comme un chrétien mange son Dieu dans le sacrement de l'Eucharistie. Le soir, on l'entendait verrouiller et cadenasser toutes ses portes, pendant un quart d'heure, et elle ne se couchait, disait-on, qu'après avoir fouillé partout avec son chien.

Ces précautions invoquent tellement les catastrophes que personne ne fut étonné d'apprendre que Mme Mouton avait été trouvée chez elle poignardée et presque décapitée. Ayant habitué son voisinage aux plus étranges lubies et aucun être humain n'étant autorisé à mettre le pied chez elle, on ne s'avisa d'un crime que fort tard et lorsque l'odeur de charogne se faisait déjà sentir. On la découvrit dans une chambre noire, étendue par terre auprès du molosse, l'un et l'autre aux trois quarts pourris.

L'argent avait été intégralement déménagé, et l'assassin, qui était, à coup sûr, un artiste, avait laissé sur la table une belle feuille de pa-

pier ministre où se lisaient, écrits d'une main très ferme, ces mots
d'un refrain célèbre :

Dormez, dormez, ma belle,
Dormez, dormez toujours.

CXLIX. Je ne veux pas mourir comme un chien.

Il est permis de se demander, et même de demander aux autres,
pourquoi un homme qui a vécu comme un cochon a le désir de ne
pas mourir comme un chien.

D'abord, qu'est-ce que mourir comme un chien ? D'après les autorités, cela consiste à quitter ce monde agréable, sans sacrements, et
à s'en aller droit au cimetière, sans aucune cérémonie religieuse. Le
Bourgeois qui ne veut pas mourir comme un chien doit donc faire
venir un prêtre, le curé de la paroisse autant que possible, et lui
parler de l'impôt sur le revenu, des avantages de la culture inten-
sive du topinambour, des inconvénients du mastic dans les mâche-
lières de l'hippopotame ou de l'urgence d'une réforme carabinée
dans l'enseignement obligatoire du Kamtchadale ; manifestation
de foi chrétienne qui donne, après la mort, le droit de faire porter
sa carcasse à l'église et d'être accompagné par un surplis jusqu'au
cimetière, si la famille ne recule pas devant la dépense.

Tout cela, ai-je besoin de le dire ? est pour la galerie. On crève
pour la galerie de façon à ne pas mourir comme un chien. Vous
comprendrez ou vous ne comprendrez pas, mais tout est là.

— Je me fous de la religion, dit le grainetier, mais je ne veux pas
mourir comme un chien.

La clientèle de la maison en dépend, si cette clientèle est bien
pensante. Si elle ne l'est pas, l'intérêt de la maison exige, au
contraire, que le patron crève comme un chien, mais le cas est rare
dans les banlieues où on fait la noce.

CL. Les amis de nos amis sont nos amis.

Le chevalier du Bran d'Enhaut avait sauvé la vie à un petit avocat au parlement de Normandie. Quand vint la Terreur, cet avocat
plein de gratitude recommanda son bienfaiteur à un menuisier,
qui le recommanda à un savetier, qui le recommanda à un vidan-

geur, qui le recommanda à un bénédictin défroqué, qui le recommanda à Catherine Théot la prophétesse, qui le recommanda à Robespierre qui lui fit couper la tête. Un bienfait n'est jamais perdu.

CLI. C'est en ami que je vous parle.

Quand un employé du Domaine ou de l'Enregistrement a décidé de ne rien faire, c'est comme cela qu'il parle à ses plus intimes, s'ils sont en danger.

L'homme à qui son propriétaire parle « en ami » est le plus protégé, le plus jugé et le plus exécuté des hommes.

CLII. Un livre de chevet.

Il s'agit ici de l'élite. Le commun des bourgeois ne lit rien du tout et, par conséquent, n'a pas de livre de chevet. Le seul livre capable d'intéresser un marchand de nouveautés ou un entrepositaire de vins en gros est le livre de caisse, énorme *in-folio* à coins de cuivre qu'on ne se représente pas sous un traversin.

Les ouvriers lisent davantage. Ils lisent, bien entendu, ce qu'ils peuvent, mais ils lisent. Ils n'appartiennent pas au Commerce. Ils ne sont pas immédiatement sous les yeux de l'Idole. Ils ont la permission de vaquer, une demi-heure par jour, à leurs âmes, à leurs pauvres âmes, et quelques-uns en profitent.

Tout de même, avouons-le, il y a une élite chez les bourgeois, une sacrée élite supposant, au moins, un livre de chevet par chaque 32ᵉ demi-brigade. Quel peut bien être ce livre ? Il m'a été impossible de le savoir. J'ai entendu parler de quelques mathématiciens qui couchent avec la table des logarithmes, mais on a dû se ficher de moi, c'est déjà trop littéraire.

Je croirais plutôt qu'il y a plusieurs vieilles dames qui s'endorment encore un peu dans les bras de Paul Bourget ou de Maupassant et des demoiselles appartenant à diverses générations qui s'enfilent carrément *la Philosophie dans le Boudoir* du marquis de Sade ou tout autre livre du même genre. Mais je n'ai pas d'indication précise et j'avoue ne savoir que penser de ce fameux livre de chevet qui doit exister, pourtant, puisqu'on en parle sans cesse.

Autrefois, il y avait l'*Imitation* — infiniment lue — de *Jésus-Christ*.

Beaucoup plus tard, à la fin du dernier siècle, il y eut l'*Imitation de Notre-Dame la Lune*, dont l'auteur est à peu près mort de faim et que personne, à commencer par moi, ne lira jamais. J'ai songé, quelquefois, à une *Imitation d'Hanotaux*, livre de chevet à écrire, mais il faudrait une telle absence de style, une si méthodique dépression de la pensée que l'entreprise ne peut pas être proposée, même à un académicien.

CLIII. Le cœur sur la main

et
Les larmes de crocodile.

Il paraît qu'on peut avoir en même temps le cœur sur la main et le cœur sur les lèvres, ce qui est déjà un mystère. On peut aussi avoir son dîner sur le cœur et répandre des larmes de crocodile. Cette physiologie étonnante appartient au Bourgeois qui ne pourrait plus vivre si on la lui ôtait.

Je me rappelle qu'étant enfant ce cœur sur la main m'étonnait fort et que je regardais instinctivement les mains des gens. Ayant appris que c'était l'indice d'une véracité irréprochable, d'une candeur et d'une transparence héroïques, j'inférais de l'absence de cet organe sur les abatis l'universelle dissimulation de mon entourage. Même aventure pour le cœur sur les lèvres.

Plus tard, j'ai eu des notions plus exactes. J'ai su avec précision ce qu'il fallait penser du cœur bourgeois et l'usage qu'on en pouvait faire. Pour tout dire, j'ose me flatter d'avoir mieux conclu que Gargantua lui-même, en son propos torcheculatif. Ici il ne s'agit plus de cœur sur la main, mais d'avoir le cœur bourgeois bien *en main*, vous m'entendez.

Pour ce qui est des larmes de crocodile, voici ce que m'a dit un illustre voyageur, un célèbre avocat de Bruxelles, l'un des conquérants du Congo belge, le dernier pays où l'on cause :

— Le crocodile est un bateau, il n'existe pour ainsi dire pas, en tant qu'animal, et, par conséquent, ne peut verser aucun pleur. C'est une figuration mythologique du Pauvre par qui l'infortuné Riche, victime de ses exécrables larmes, est assidûment dévoré…

« Faites-le passer à tout mon peuple », disait, il y a cinquante-six ans, Notre-Dame des Sanglots, sur la terrible Montagne.

CLIV. Être fils de ses œuvres.

C'est le pire conseil que puisse donner ce pince-sans-rire qui se nomme le Bourgeois. Que penser d'un vidangeur qui serait sorti de son tonneau ou d'un feuilletoniste qui aurait été engendré par ses feuilletons ? Est-il possible de conjecturer seulement l'immensité de la rigolade ?

Supposez maintenant Zola mis bas par *Nana* ou n'importe quelle autre truie de ses romans, et demandez-vous ce qu'il faudrait croire d'un peuple où l'on trouverait des sages-femmes ou des accoucheurs pour de tels enfants !

CLV. Cherchez la femme.

Tel est le cri de l'employé, lisant un crime dans sa feuille. Je parle, remarquez-le, de l'employé aux écritures, de l'employé intellectuel, de celui qui vous a des gestes d'enfonceur de coins pour dire que, vu la douceur du temps, il a pris sur lui de quitter, le matin même, son gilet de flanelle. Cet homme, habitué à juger de haut, à voir plus loin que le vulgaire, ne rate jamais ce conseil. Il a cette idée profonde et neuve, dont si peu de penseurs se sont avisés, qu'en toute aventure tragique la première chose à faire est de chercher la femme.

J'en ai connu un très fier et très marié dont la femme cherchait l'homme aussi ardemment que la belette cherche le clapier, et qui le trouvait avec une promptitude et une fréquence incroyables.

CLVI. L'honnête femme.

Balzac a voulu, un jour, élever le mur d'Adrien entre la femme honnête et l'honnête femme. Démarcation romantique, aujourd'hui sans exactitude. Les deux sont devenues la même. C'est l'éternelle Bourgeoise de Bethléem qui refuse l'hospitalité à l'Enfant Sauveur et qui jette la Rose mystique au vent du nord.

L'honnête femme est celle qui a eu le premier prix d'arithmétique à 14 ans et qui fait peur aux dix mille anges que la Visionnaire

144

d'Agréda voyait autour de l'Immaculée Conception.

L'honnête femme est la morose et brûlante épouse du grand Cocu déchaîné…

Ô Prostituées sans mensonge pour qui Jésus a souffert ; pitoyables et saintes Putains qui n'avez pas honte des pauvres et qui témoignerez au Dernier Jour, que pensez-vous de cette gueuse ?

CLVII. Le courage civil.

Si le Poète n'avait eu affaire qu'à des imbéciles sans bonté, ils l'eussent acquitté probablement. Mais le jury avait été trié, comme par un démon, dans le tas des commerçants les plus honorables. L'Espérance, tuée par le souffle de la Marchandise, reposait dans un cimetière lointain.

Sans doute, l'accusation n'avait pas l'ombre d'une preuve, mais il s'était formé de telles présomptions, par un concours si surnaturel de coïncidences, d'incidents, de péripéties homicides au cours des débats, que l'innocent ne pouvait plus se défendre. Surtout il y avait la haine féroce, évidente, presque déclarée du jury, dès le premier jour.

On était des boutiquiers et on avait à juger un poète ! On en tenait un, enfin !!! Tout était dit et Dieu même aurait témoigné vainement en sa faveur.

L'institution démocratique du jury par laquelle un homme supérieur est livré en proie à douze manants, créés pour le servir, est si intégrale que le malheureux ne peut pas récuser ses juges. Il a beau sentir et savoir que chacun d'eux l'a condamné d'avance, s'il ne peut pas démontrer que sa condamnation leur est un profit palpable, il est forcé, pour la défense de sa vie, de paraître les prendre au sérieux, et même de les implorer, sans espérance, en les vomissant.

Le Poète plaida lui-même. Son avocat était un idiot sans conviction ni élan, ébranlé déjà. Le crime était si énorme qu'il y allait de la vie. Si, vraiment, il ne pouvait pas sauver sa tête, du moins, il voulait que des paroles généreuses eussent été dites, et que, quelle que fût l'abjection des bourgeois immondes qui l'enverraient à la guillotine, ils gardassent, tout de même, un souvenir inquiétant de leur exécrable justice.

Il parla près d'une heure, avec une force inouïe. Il raconta sa vie douloureuse et fière, sa solitude, sa pauvreté, la régularité quasi-monastique de son existence de chaque jour. Il périssait, maintenant, victime de la plus inexplicable erreur, uniquement parce qu'il lui était impossible de se rappeler et de prouver l'emploi de son temps, un certain soir, il y avait trois ans.

Avec des gestes de lion au désespoir, il secoua sur ses épaules cette fatalité épouvantable. Comme des cristaux de compassion qu'une vibration trop puissante aurait brisés, des cœurs éclatèrent. Des sanglots furent entendus, çà et là, qui demandaient grâce.

Le verdict de culpabilité n'en devint que plus sûr. Le personnage influent du jury, un petit mandarin des Contributions indirectes, chafouin de bureau particulièrement implacable, n'eut pas de peine à faire comprendre à ses collègues qu'ils devaient craindre de se laisser gagner par un attendrissement ridicule, incompatible avec leur devoir ; que c'était l'occasion ou jamais de faire preuve de ce courage civil, si supérieur, comme on sait, au soi-disant héroïsme des champs de bataille et qui consiste à taper sur les pauvres et les sans défense avec une indomptable fermeté.

Un pharmacien qui avait des dents de cheval ajouta qu'il était, d'ailleurs, temps d'en finir avec ce faiseur d'embarras qui avait l'air de les regarder comme du caca et qu'il ne fallait pas rater l'occasion d'inculquer un peu de respect aux bohèmes et aux va-nu-pieds.

Enfin un fabricant d'eau de seltz, homme d'action qui passait pour être d'une jolie force au billard, affirma nettement qu'il se foutait des preuves ; que, pour lui, quand on avait une gueule pareille, on était capable de tous les crimes ; que si l'accusé était innocent de celui-là, il était certainement coupable de plusieurs autres qu'on ne savait pas et que, même en supposant qu'il n'eût jamais tué personne, l'intérêt général exigeait qu'on le mît hors d'état de nuire pendant qu'il en était temps encore. L'énergie de ce citoyen enleva toutes les volontés.

Le Poète déclaré coupable, sans circonstances atténuantes, à l'unanimité et sur tous les points, fut condamné à mort. Il se leva très pâle et, d'une voix calme, il dit aux jurés, plus pâles que lui, ces simples mots :

— Messieurs, n'oubliez pas que vous venez d'envoyer un innocent

CLVII. Le courage civil.

à l'échafaud.

C'est alors que mon épicier, vous entendez bien, *mon épicier*, qui était des douze, obéissant à une impulsion mystérieuse ou se croyant simplement à son comptoir, — ce qui est, peut-être, la même chose dans l'infini — répondit par cette formule commerciale, prodigieuse en la circonstance :

— *Personne ne nous a jamais fait de reproches, monsieur !*

CLVIII. Tout n'est pas rose dans la vie.

Le Bourgeois voudrait-il vraiment que tout fût couleur de rose dans ce qu'il nomme la vie, ou ce Lieu Commun n'est-il que l'inoffensive et plate constatation d'un fabricant de couleurs ?

J'aime la première hypothèse, qui est certainement la vraie. Il faut du rose au Bourgeois, c'est sa couleur. Ses filles s'habillent de rose et même son épouse, jusqu'à soixante ans. Lui aussi est rose et joyeux comme un jeune porc, lorsqu'il fait de bonnes affaires. Il tient à voir tout en rose et veut que tout soit couleur de rose. Il aspire sans cesse à dormir sur un lit de roses. Lui seul, après tant de poètes, parle encore un peu, quelquefois, de « l'aurore aux doigts de roses » et, pour être juste, on doit reconnaître que, sans lui, personne, depuis longtemps, ne ferait la remarque, toujours fraîche et toujours charmante, qu' « il n'y a point de roses sans épines ».

Un bourgeois qui réclamerait du bleu de cobalt ou du jaune indien serait un bourgeois *parvenu*. Le vrai, l'authentique, celui qui est tout à fait en règle, à l'instar des gentilshommes, le Bourgeois *bien né*, ne tolère qu'en gémissant le noir de la mort. Combien ne sont-ils pas, les empoisonneurs d'enfants ou les affameurs de vieillards qui voudraient être mis, après leur trépas, dans un cercueil rose, au milieu d'une église tendue de satin rose et remplie de toilettes roses, cependant qu'un orgue hilare exécuterait la valse des roses !…

On peut voir, dans un des grands cimetières de Paris, le tombeau d'un riche facteur de la halle qui avait des traités avec l'Assistance publique pour la fourniture de toute la charogne consommée dans les hôpitaux et qui ne gagnait pas moins de trois cents pour cent. C'était un homme d'une imagination délicieuse. Il y a sur ses tripes en putréfaction une corbeille, soigneusement entretenue, des roses les plus magnifiques et, sur le marbre, ces quatre mots : « Il les aimait tant ! »

CLIX. Les belles années de l'enfance.

Ô François Coppée !...

CLX. Le bon vieux temps.

Quelques-uns disent qu'un temps nommé invariablement « les siècles d'ignorance », par opposition au « siècle des lumières » qui est le nôtre, ne peut pas être bon et que, plus il est vieux, moins il doit être bon. D'autres soutiennent, sans preuves suffisantes, me semble-t-il, que la *bonté* d'un temps n'est nullement incompatible avec les ténèbres et la vieillesse.

Un troisième groupe, dont je suis, affirme audacieusement que ce Lieu Commun doit être mis au rancart, parce que ce qu'on est convenu d'appeler le bon vieux temps, c'est-à-dire, je suppose, le Treizième Siècle, fut, au contraire, et par excellence, *le jeune temps*, celui de la force, de l'amour, de la lumière et de la beauté, tandis que le Vingtième est, de plus en plus, un temps de décrépitude, une hideuse et haïssable image de la plus gâteuse vieillesse. Mais allez dire à un avoué de première instance de recommencer la Quatrième Croisade !

CLXI. Il y a un Dieu pour les ivrognes.

Le Bourgeois tient beaucoup à celui-ci. Il est de ceux par lesquels est affirmée sa faim toujours neuve de cracher à la Sainte Face, de souiller autant que possible la Parole.

« Dieu a commandé à ses anges, dit le Tentateur, de te porter dans leurs mains, de peur que ton pied ne heurte contre la pierre. »

Ah ! oui, vous allez me dire que le Bourgeois ne sait pas tout ça, qu'il a autre chose à faire que de lire saint Luc ou saint Mathieu. En effet, que pourrait lui apprendre l'Évangile ? *Il a le blasphème infus.* L'ordure sortie de ses pères arrive en lui, naturellement et sans étude, comme les immondices d'un égout passent dans un autre égout. Quelques-uns la reçoivent avec une abondance telle qu'ils en sont ivres et qu'ils ont eux-mêmes besoin d'être soutenus par les anges, et par quels anges !

L'objet du présent livre ne comporte pas le développement d'une telle idée, mais j'espère que la consolation ne m'en sera pas refusée toujours. « On verra alors, écrivais-je à un inconnu, qu'il n'y a pas *une* parole du Sauveur ou de ses Amis qui ait échappé aux démentis et aux outrages continuels des chrétiens eux-mêmes, et nos dévotes, on aime à le croire, seront heureuses d'apprendre qu'elles parlent tout le temps comme les démons. »

CLXII. L'appétit vient en mangeant.

Bonne réponse à un homme qui meurt de faim :

— Malheureux, vous ne savez pas ce que vous demandez. Si vous mangiez, vous voudriez manger encore et vous seriez, de plus en plus, à la charge des honnêtes gens qui se ruineraient sans parvenir à vous rassasier. Quand on ne se sent pas capable de rester sur son appétit, on reste sur sa faim et on ne demande pas l'aumône à dix heures du soir. Je me regarderais comme un criminel, si je vous donnais un centime.

Décor de neige. Celui qui parle est un gros homme congestionné par un délicieux dîner. Il vient de sortir du restaurant et attend sa voiture qui décrit une courbe financière pour venir à lui.

L'affamé représente une souffrance quelconque, une souffrance de tous les siècles. L'affameur ne représente rien que le Désespoir, le désespoir rouge tuméfié et crépitant.

CLXIII. On ne prête qu'aux riches.

Pourquoi ? Parce que l'eau va toujours à la rivière, vous répondra le greffier de la justice de paix. Depuis le Pactole, il y a toujours eu quelque chose entre les riches et les rivières. Quelquefois, cette eau vient directement des sources pures de la montagne. Plus souvent elle a servi à laver la vaisselle ou à rincer les pots de chambre.

Les riches reçoivent tout, comme les rivières, mais le mot *prêter* est une dérision, car il est sans exemple que celles-ci ou que ceux-là aient jamais rendu n'importe quoi. Chacun à sa manière, ils deviennent de vastes fleuves, en roulant le jus de latrines ou les pleurs des pauvres, indistinctement, jusqu'à l'Abyme.

CLXIV. Il n'y a pas de sot métier.

Pardon, il y en a un. C'est d'être tailleur et de prétendre habiller un moine. Tout le monde sait que l'habit ne fait pas le moine et que, par conséquent, il n'est pas possible d'imaginer quelque chose de plus sot que le métier qui consiste à faire un habit pour un client qui a lui-même besoin d'être *fait*, n'existant pas. La chose, je l'avoue, ne paraît pas très intelligible.

Cependant qu'est-ce qu'un moine ? sinon un homme ou soi-disant homme qui pratique cet autre métier d'être obéissant, chaste et pauvre, juste le contraire de ce que le Bourgeois nomme la vie.

Ne serait-ce pas là un métier encore plus sot que celui qui vient d'être dit, puisque celui qui l'exerce n'a aucune part à l'existence bourgeoise et ne peut, en aucune façon, profiter d'un habit impuissant à lui en conférer le moindre semblant ? La rencontre d'un moine et d'un tailleur est probablement ce qu'on peut imaginer de plus extraordinaire, de plus fou, de plus cocasse, de plus fantastique.

CLXV. La nuit est faite pour dormir.

J'habite, sur la rive gauche de la Marne, un pays qui fut très particulièrement saccagé, pillé, rançonné, détroussé, maltraité de toutes façons par les Allemands, en 1870 et 1871, et où il est impossible de trouver quelqu'un qui s'en souvienne. C'est un peu décourageant pour un citoyen français qui aurait des histoires de guerre à raconter. Précisément, j'en tenais une qui n'eût pas été sans intérêt, mais il faudrait tellement compter sur des âmes qui n'existent plus !

Avec cette espèce de sentimentalité internationale qui voudrait qu'on oubliât l'Outrage horrible et que tout le monde s'embrassât dans un pardon cosmopolite et une chiasse universelle, où trouver un auditeur capable d'avaler l'anecdote des trois Prussiens envoyés *ad patres*, au milieu d'une nuit assurément faite pour dormir, par un franc-tireur vendéen, leur prisonnier, qu'ils conduisaient au prince de Saxe et qui devait être fusillé le lendemain.

Ce captif à la main leste et au pied léger, qui savait aussi bien que moi-même les Lieux Communs, n'ignorait pas que, non seulement la nuit est faite pour dormir, mais aussi qu'elle « porte conseil » aux braves gens et qu'en icelle « tous les francs-tireurs sont gris ».

Avec quelle prestesse et quelle audace il sut en profiter, je ne le raconterai pas, décidément. Cela ferait trop de mal aux petits nerfs de ces bâtards de femmes violées qui font du commerce le long des murs où la Prusse fusilla ceux qui auraient pu être leurs pères. On m'a assez accusé d'*exagérer* et de surfaire l'horreur.

Mon homme était un boucher incomparable qui aurait écorché un lion vivant avant qu'il eût eu le temps de tirer ses griffes. Que cette information te suffise, mon cher lecteur.

CLXVI. L'occasion fait le larron.

Sol cognovit occasum suum. — Est-ce vous, Seigneur ? Est-ce vous, enfin ? demande le Voleur en croix. — Je te le dis, en vérité, tu seras, aujourd'hui, avec moi, dans le Paradis, répond la Lumière du monde crucifiée.

Cela se passe dans les Ténèbres de la Sixième Heure et le Bourgeois s'est *pendu* lorsqu'il faisait jour encore.

Post-scriptum. — J'aurais voulu trouver *l'occasion* d'une engueulade infinie où il eût été dit que le Bourgeois n'a de l'argent que pour le rendre et que, s'il ne le rend pas, il est un larron sans croix et sans paradis. Judas, moins canaille, a RENDU le sien, avant de crever. Mais essayez de faire comprendre ces choses !

CLXVII. Il n'y a pas de fumée sans feu.

Non, Bourgeois, pas même dans l'Apocalypse, qui est un livre où l'on parle beaucoup de toi.

« Et la fumée de leurs tourments montera aux siècles des siècles, et il n'y aura de repos, ni jour ni nuit, pour ceux qui auront adoré la Bête et son image, ni pour quiconque aura reçu la marque de son nom. »

Je te recommande cet endroit.

CLXVIII. Entre deux maux, il faut choisir le moindre.

Là-dessus, pas d'incertitude. Les personnes les plus charitables reconnaissent que le mal du prochain est toujours *le moindre* et que c'est bien celui-là qu'il faut choisir. Les moralistes ont remarqué depuis longtemps qu'on a toujours assez de force pour supporter les peines d'autrui.

CLXIX. On n'est pas louis d'or

ou
Ce qui convient aux jeunes filles.

On n'est pas même pièce de cent sous. J'en fis l'expérience douloureuse en Danemark où je n'avais pas cours. Déjà, en France, je ne passe pas trop facilement, mais là-bas, si vous saviez !

J'habitais, par décret spécial de l'inhumaine fortune, une petite ville du Jutland où j'ai cru laisser mes os. J'y ai donné des leçons de français et j'ai eu jusqu'à trois élèves. Je ne parlerai que du numéro 2, aujourd'hui du moins. Le 1 prendrait trop de place et le 3 fut sans intérêt.

M. Kanaris-Petersen était professeur de langue française dans une école de la ville et jouissait de la plus haute considération. Je sus par lui-même, dès la première heure, que ce nom de Kanaris, si peu danois, malgré l'artifice du K initial, lui était venu, par transmission directe ou indirecte, du célèbre héros grec de la guerre de l'Indépendance !...

Je n'entrepris aucune vérification de cette parenté, mais, l'ayant interrogé sans malice, je fus étonné d'apprendre qu'il ne savait absolument rien des vers fameux inspirés à Victor Hugo par cet admirable corsaire.

Je n'espère pas rencontrer ailleurs une vanité aussi précieuse, une imbécillité aussi succulente, aussi complète. Le Canaris des *Orientales*« arbore l'incendie ». Le Kanaris jutlandais arbore la pluie et le ridicule. Et quel ridicule ! Il faut connaître le Danemark, avoir vécu dans ce pays de médiocrité idéale, pour apprécier comme il faut l'attendrissante idiotie d'un pion imaginant de se radouber d'un écumeur.

Une extraction si rare exigeait naturellement les plus aristocra-
tiques manières. M. Kanaris Petersen est quelque chose comme
le Brummel de son trou. Les jeunes Danois, entr'ouverts sur son
passage, sont attentifs aux gestes et aux paroles de cet *Arbiter ele-*
gantiarum.

« Il n'est pas bon que l'homme soit seul, dit le Seigneur Dieu.
Faisons-lui une aide semblable à lui. » Je n'étonnerai personne en
ajoutant à ce qui précède qu'une Mme Kanaris-Petersen existe et
qu'elle est digne de son époux. On ne connaît pas de vainqueur
palicare ni moldo-valaque dans l'ascendance de cette dame, où
prédominent seulement la quincaillerie et les fers en gros. Mais elle
apporta, dit-on, de l'argent et passe pour avoir été une ravissante
personne. Il faut le savoir. Elle m'a paru plutôt briquetée et verju-
teuse, ce qui vient sans doute en aide aux grands airs dans ce culot
de province.

Un fait incontestable, c'est qu'on s'amuse fort chez les Kanaris.
Comédie et bal travesti huit ou dix mois de l'année, Mme Kanaris
ayant acquis le renom d'une délicieuse cabotine, et la chie-en-lit
étant considérée, en général, dans un tel faubourg Saint-Germain
de la Béotie danoise, comme l'expression dernière de la finesse et
de l'atticisme.

Au milieu de cette crotte grandissent deux petites filles que l'in-
fanticide frivolité de leur mère habille et déshabille dix fois le jour.
Que deviendront-elles ? Il est trop facile de le prévoir. Le monde
luthérien, c'est l'empire de Satan bâtard. Le crime et l'ordure même
y sont médiocres. Pour délivrer une de ces misérables âmes, il faudrait que Dieu déplaçât tous les décombres de sa création bouleversée.

— Nos petites filles aimeront la danse comme papa et maman !
m'a dit, une fois, le crétin morose qui ne cesse de prétendre à la
sémillance et à l'enjouement. Quelle descendante spirale j'entrevis alors ! Voilà donc, me disais-je, ce qui convient ici aux jeunes
filles ! Danser comme papa et comme maman, avec toutes les
conséquences présumables de cette chorégraphie, et ce qui ne leur
conviendrait absolument pas, ce serait, par exemple, d'aller à la
messe ou de faire n'importe quoi de propre ou de généreux.

Un an après avoir quitté ce pays ignoble, j'appris que mon Kanaris dont j'avais subi les poignées de main avec constance, le croyant un animal inoffensif, s'était employé à me nuire jusqu'à en attraper des courbatures. On m'a rapporté de lui ce mot remarquable que je cite pour embraser d'un dernier feu les passionnées qui auraient pu me voir naître :

— La maison de Léon Bloy n'est pas une maison pour les jeunes filles.

CLXX. La critique est aisée, mais l'art est difficile.

Je ne suis pas sûr que le Bourgeois se ferait couper en morceaux pour soutenir que l'art est difficile, mais je sais qu'il veut que la critique soit aisée, et même la chose du monde la plus aisée. Cela, il y tient. Il faut s'entendre, cependant. Le Bourgeois n'est pas un âne. La critique peut fort bien être malaisée, s'il s'agit du grand art, de l'art véritable qui est celui de Bouguereau en peinture ou de Paul Bourget en littérature. Où en serait-on, s'il était permis au premier venu de toucher à ces chameaux ?

Combien, au contraire, n'est-il pas facile de juger Verlaine, Villiers de l'Isle-Adam, Barbey d'Aurevilly, Ernest Hello ! Et si jamais un critique fut à son aise, n'est-ce pas lorsque la Providence lui accorda de déposer son crottin sur l'auteur de ces humbles pages ?

CLXXI. Je suis philosophe

ou
l'An quarante.

Je vous en prie, ne demandez pas à ce tanneur s'il appartient à l'école d'Ionie fondée par Thalès et renouvelée par Anaxagore ; ne cherchez pas à savoir s'il est pythagoricien, métaphysicien, platonicien ou péripatéticien ; s'il est disciple d'Euclide ou d'Antisthènes, de Pyrrhon ou d'Epicure, de Zènon ou de Carnéade ; ne faites pas la folie de le supposer éclectique, mystique, stoïque, sceptique, syncrétique ou empirique. Enfin, et surtout, n'allez pas imaginer un christianisme quelconque. Quand il vous dit qu'il est philosophe, cela signifie tout simplement qu'il a le ventre plein, la digestion sans embargo, le porte-monnaie ou le portefeuille convenablement dodu et que, par conséquent, il se fout du reste « comme de l'An quarante ».

Je me suis souvent demandé ce que pouvait être cet *An quarante* si fameux et si dédaigné des philosophes. Impossible de rien
trouver. Pourtant il a dû se passer quelque chose de peu ordinaire,
cette année-là. Comment le savoir ? Les éphémérides et les ta-
bleaux synoptiques ne donnent rien. Remarquons seulement que
l'An quarante est un point extrême de comparaison, un étalon de
mépris. Peut-être faudrait-il savoir, avant tout, ce que le Bourgeois
méprise le plus au monde. Mais qui oserait descendre dans cet
abîme ? *Cum in profundum venerit, contemnit.*

CLXXII. Une fois n'est pas coutume.

Formule d'absolution à l'usage des bourgeois. Tout va bien si la
coutume n'est pas implantée. L'essentiel c'est de ne tuer son père
qu'une fois.

— J'ai trois mille bouteilles de vin dans ma cave, et ma santé ne
me permet pas de devenir un saint, me disait un curé d'ici. Vous ne
voyez pas le lien, moi non plus, mais il existe, certainement.

CLXXIII. Je n'avais pas besoin de ça !

Ainsi parle le Bourgeois, lorsqu'un accident imprévu l'accable ou
seulement le déconcerte. C'est une manière de prendre position
vis-à-vis de Dieu et d'interpeller la Providence avec supériorité. Il
y a bien peu d'adolescents qui n'aient été impressionnés entre 16 et
18 ans, quelquefois jusqu'à l'éblouissement, par l'espèce de connaissance infuse que le Bourgeois paraît avoir de ce qui lui convient et
de ce qu'il lui faut. On ne connaît pas d'animaux, même parmi les
solipèdes, qui soient servis par un instinct aussi sûr. Mais où se
manifeste prodigieusement son flair, c'est lorsqu'il s'agit des choses
dont il n'a pas besoin et qui, par conséquent, lui pourraient être
fâcheuses. En voici un exemple remarquable.

Il y a vingt ou vingt-cinq ans, j'étais, à dix heures du soir, dans
un café aux environs de l'ancienne gare Saint-Lazare, en compagnie de deux camarades sympathiques dont l'un est aujourd'hui
à l'Académie et l'autre au bagne. On avait, si j'ai bonne mémoire,
passablement bu et on pensait déjà aux moyens de s'achever dans

quelque autre établissement, lorsque, la porte s'étant ouverte avec fracas, nous vîmes entrer, furieux et mugissant, le marbrier national du Petit-Montrouge, le célèbre Joséphin Dodécaton, inventeur des tombeaux inusables…

Ce grand homme avait perdu tout empire sur lui-même et nous parut, pour tout dire, au dernier degré de la rage. — Je n'avais pas besoin de ça, disait-il sans cesse, en grognant comme un pachyderme, je n'avais vraiment pas besoin de ça. Ces choses-là n'arrivent qu'à moi. C'est à croire qu'il n'y a pas de bon Dieu, etc.

Il se fit pourtant servir un verre de bière et finit par s'expliquer. Il avait raté le train de 9 h. 55 et se voyait forcé de renoncer à une affaire d'or. Déjà suffisamment *émus* avant l'arrivée de ce malchanceux, nous le laissâmes gémir.

À peine dans la rue, une clameur étrangement lugubre et affolée nous apprit l'effroyable catastrophe du rapide si fâcheusement raté par Dodécaton. Ce train venait d'être broyé à quinze cents mètres de la gare et la plupart des voyageurs étaient écrasés ou mutilés.

À la stupeur des gens de la rue qui nous crurent frappés de folie, nous éclatâmes de rire en songeant à notre entrepreneur de sépultures qui continuait sans doute ses lamentations dans le café, et celui de nous qui n'est pas même devenu académicien fit observer, une fois de plus, le discernement infaillible de ceux qui « n'ont pas besoin de ça ».

— Si celui-là avait écopé et qu'il pût parler encore, dit-il en manière de conclusion, sa plainte serait identique, absolument. Les bourgeois ont toujours raison.

CLXXIV. Les enfants sont ce qu'on les fait.

Consolante maxime, et quel avenir elle nous entr'ouvre ! C'est, sans aucun doute, l'intention de la nature que les petits des bourgeois soient des bourgeois. Quelquefois, pourtant, cela rate. Alors le malheureux boutiquier endure l'opprobre d'avoir un enfant poète. Le cas, heureusement, est trop rare pour être pris en considération. La nature, généralement, est obéie. Il y aura donc toujours des bourgeois.

Mais les fait-on, aujourd'hui, comme on les faisait il y a trente ans ? De la réponse à cette question tout dépend. Eh bien ! l'oserai-je dire ? Il me semble que le Bourgeois se gâte. Certes, il n'oublie pas les grands principes. On peut même affirmer qu'il adore, plus qu'autrefois, l'argent et qu'il écarte Dieu d'une main plus ferme. À ces égards, il ne mérite que la louange et même l'apothéose. Seulement la Bourgeoisie, comme tout ce qui est grand, doit s'allaiter de la tradition et il me semble qu'elle déraille, depuis quelque temps, vers les nouveautés.

La bicyclette et l'automobile sont furieusement artistes, savez-vous ? et on ignore où cela s'arrêtera. Le courant est si impétueux qu'on peut craindre que, dans une ou deux générations, les fils des bourgeois ne soient tous des Albert Dürer, des Shakespeare ou des Beethoven et que la Bourgeoisie ne périsse étouffée par l'Art. Je signale patriotiquement le danger.

CLXXV. Il faut se faire un nom.

C'est moins facile et moins propre que de faire des enfants, mais il y a tant de manières ! Il y a le nom de Napoléon et il y a le nom de Félix Potin. Ces deux exemples me dispensent de mille autres. Il serait puéril d'expliquer la différence de ces deux noms et l'énorme supériorité d'un homme qui n'a vécu que pour gagner de l'argent, sur un misérable empereur mort en exil. Il n'y a de grand que ce qui ne bouge pas : la Stupidité, la Cupidité, l'Abjection.

Quand Victor Hugo parle de ces « Renommées qui volaient, gorge au vent, pieds nus, clairons en mains, devant le maître des armées », ces belles images font pitié si on se souvient de ce que la radieuse et non sanglante Publicité a su faire des noms de Ménier et de Géraudel. Les murs d'affichage, les clôtures de chantiers ou de terrains vagues, les plafonds des omnibus ou les parois intérieures des pissotières, dans tous les pays du monde, le voilà le Livre de Vie des salauds qui ont su se faire un nom !

CLXXVI. On fait ce qu'on peut.

Quand on a fait des enfants et qu'on est arrivé à se faire un nom, on a fait ce qu'on pouvait et je ne vois pas ce que Dieu même aurait à demander de surcroît. Les fameux Commandements du Sinaï ne sont qu'un décor facultatif. Le solide et le certain c'est ce qui vient d'être précisé.

« Une fois, dit la Bienheureuse Angèle de Foligno, j'étais plongée dans une méditation sur la mort du Fils de Dieu... Alors cette parole me fut dite dans l'âme : « *Ce n'est pas pour rire que je t'ai aimée !* » Je crus recevoir un coup mortel et je ne sais comment je ne mourus pas... D'autres paroles vinrent qui augmentèrent ma souffrance : « Ce n'est pas pour rire que je t'ai aimée, ce n'est pas par grimace que je me suis fait ton serviteur, ce n'est pas de loin que je t'ai touchée ! »

À ce dernier mot, le Bourgeois, le vrai, l'éternel Bourgeois, celui qui fut homicide dès le commencement, bondit en criant :

— Tu m'as touché, toi ! tu oses dire que tu m'as touché, avec tes Mains et tes Pieds percés et ta Face en sang et ta Sueur de sang et les hurlements de ta multitude juive et le ruissellement surnaturel de ta longue Flagellation ! Tu m'as touché ! ah ! vraiment, pauvre Homme-Dieu, pauvre Bon Dieu des anciens temps ! Es-tu seulement une pièce de cent sous pour agir sur moi ? Tu ne voulais pas rire avec ta bienheureuse et ta bienheureuse non plus ne voulait pas rire. Eh bien ! moi, c'est tout le contraire. Je suis un homme gai, un joyeux bougre et je n'ai pas plus besoin de tes Larmes que de ton Sang. Je suis né pour les affaires et la rigolade, et je n'entends rien à la pénitence ni aux extases. On fait ce qu'on peut, on n'est pas des bœufs.

Post-scriptum. — « J'ai eu faim, dira le Juge, et vous ne m'avez pas donné à manger ; j'ai eu soif et vous ne m'avez pas donné à boire... » — Tout ça, c'est très joli, répondront mille charcutiers, mais le carême nous fait rudement du tort.

CLXXVII. On...

Au fait, qu'est-ce que *On* pour le Bourgeois ? Cet abstrait sans cesse invoqué par lui ne serait-il pas le Dieu inconnu ? On ne connaît pas cet homme, On ne l'aime pas, On ne l'a jamais vu, On l'a assez vu. Savez-vous des formules de réprobation plus certaines, plus efficaces ? C'est On qui tient la foudre et c'est On qui donne la vie. On vous connaît bien, On sait qui vous êtes, On vous fait crédit.

Chaque fois que le Bourgeois parle, ce mystérieux On sonne comme un sac d'argent posé lourdement à terre, dans une chambre voisine où quelqu'un aurait été assassiné.

CLXXVIII. Tous les hommes sont frères.

Voir le numéro CL, où je crois avoir épuisé la matière.

CLXXIX. Tout ou rien.

Tout, s'il s'agit de refuser. Rien, s'il s'agit de donner. Telle est la grande loi primordiale. Dans l'application, cela se mitige suivant les circonstances, qui sont infinies. Quelquefois même, il faut donner tout. Cela s'est vu en 1870, lorsque le Bourgeois avait les baïonnettes prussiennes dans le derrière. Mais le principe demeure.

CLXXX. Ce que femme veut, Dieu le veut.

Si ta femme veut que tu sois cocu, ô employé ! Dieu le veut. Et elle le veut souvent, c'est fort probable. À toi de t'arranger en conséquence. Il me semble, cependant, que c'est mettre beaucoup sur la pauvre créature. Car enfin, si elle ne veut pas ceci ou cela, faudra-t-il que Dieu aussi ne le veuille pas et qu'ainsi elle devienne l'axe du monde ? Cette espèce de pacte entre la volonté de Dieu et la sienne, au cas de la négative, ne sera-t-il pas résilié ? Combien d'autres difficultés ! mais je ne suis pas chargé de les résoudre, n'est-ce pas ? La vie est assez énigmatique déjà, sans qu'on entreprenne le débrouillement du chaos métaphysique dans la cervelle des commis aux écritures.

Ce qui m'étonne, malgré mon expérience de la fluctuation des comptables, c'est cette espèce de respect de la Volonté divine, manifestée à leurs cœurs impurs par la volonté de la femme.

— Qu'il te soit fait selon ton désir, dit Jésus à la Chananéenne. Ma volonté est avec ta volonté.

S'il savait pourtant, le pauvre Bourgeois, que son Lieu Commun dit un mystère dont les cieux éclatent, qu'il exprime, en une façon qui n'est pas même enveloppée, la réalité la plus impatiente, la plus explosive, et qu'il est impossible de le proférer sans solliciter la foudre !

CLXXXI. Qui paie ses dettes s'enrichit.

J'avoue ma complète inexpérience. J'ai assez souvent payé mes dettes, quelquefois aussi les dettes des autres, et je ne remarque pas que ma richesse en ait été considérablement augmentée. Cela tient peut-être à cette circonstance que je payais sans joie. J'ai eu un propriétaire qui voulait à toute force que je partageasse son allégresse. Étant quelque peu clerc et me voyant sans entrain, n'eut-il pas, un jour de terme, le toupet inconcevable de me servir le *datorem hilarem* de saint Paul aux Corinthiens, texte réservé, jusqu'à ce jour, par la Mère Église, à l'office de saint Laurent sur sa rôtissoire, et par lequel il serait désormais notifié à tous les locataires sans exception qu'ils ont le devoir de verser leur métal gaîment.

J'ai écrit plus d'une fois — avec quelle modération, les anges le savent — que l'argent des propriétaires est, un grand nombre de fois sur dix, la mort pour les malades et les tout petits enfants, et je vous prie de croire que je suis docteur en la matière.

Nous étions seuls, on ne m'avait pas vu venir et l'endroit était isolé. Je fendis la tête de ce joyeux homme et le débitai en plusieurs tranches qui furent expédiées par colis postaux à mes autres fournisseurs dont un prêtre. Ce souvenir est comme un rayon de lune dans ma vie. Certes, une fameuse dette fut payée, ce jour-là. Mais je n'en suis pas devenu plus riche...

Il y a derrière la maison du Bourgeois un balcon sur un abîme. Il faudrait peut-être regarder par là.

CLXXXII. Quand le diable devient vieux, il se fait ermite.

La vieillesse du diable est une des belles inventions du Bourgeois. Alfred de Vigny, qui caressait pourtant, à l'occasion, les idées bourgeoises, en sa qualité de gentilhomme poète et de romantique, imagina, au contraire, de supposer l'Ennemi des hommes adolescent et beau. Ce renouveau de vingt siècles de paganisme s'accomplissait vers 1830. Les vierges et les matrones, en roucoulant *Eloa*, soupirèrent de volupté :

Je t'aime et je descends, mais que diront les cieux ?

Ils diront ce qu'ils voudront. Fantaisie qui ne pouvait pas durer. Aujourd'hui comme auparavant, nous préférons l'imaginer vieux dans un ermitage. Vous comprenez, il s'agit d'embêter l'Église autant que possible, c'est-à-dire de déshonorer du même coup le diable, la vieillesse et les ermites.

Avez-vous remarqué le contentement des bourgeois quand ils peuvent, en ces termes, avilir une conversion religieuse ? Je parle, cela va sans dire, d'une conversion arrivée sur le tard. Je suppose un pauvre bonhomme lassé, jusqu'à l'inappétence absolue et jusqu'au bondissement du cœur, des âneries et des pourritures de l'impiété et s'avisant enfin des sacrements, fût-ce à la dernière minute de la onzième heure.

Il est aussitôt décrété de gâtisme dans les conciles provinciaux ou œcuméniques de la Nouveauté, et devient, pour les demoiselles, une sorte de vieux bouc en retrait d'emploi.

Mais pourquoi ermite, c'est-à-dire anachorète ? Pourquoi pas plutôt la vie cénobitique, la vie en commun ? Puisqu'on veut absolument que ce pauvre diable soit le Diable, qu'on lui permette au moins d'être *légion*, si cela lui plaît. Nous aurions ainsi quelques monastères, quelques chartreuses de vieux démons où les rosses de l'Administration, du Commerce ou de la Propriété immobilière pourraient, en conscience, venir se faire abattre et que les puissants des Loges ne songeraient pas à persécuter.

CLXXXIII. Que faisiez-vous en 1870 ?

Cette interrogation, si fréquente aujourd'hui encore, n'aura plus de sens pour la prochaine génération. Résolu d'en finir avec ces Lieux Communs qui commencent à me puer au nez et forcé d'en omettre un assez grand nombre, il m'a semblé que celui-ci les englobait tous expressivement. Au fond, le Lieu Commun est une tangente pour fuir à l'heure du danger et jamais les bourgeois n'ont autant fui qu'en 1870.

C'était, alors, la fuite tumultueuse, hurlante, éperdue, l'immense panique vidant les maisons et vidant les villes, comme les ouvriers de nuit vident les lieux immondes. C'était l'infâme, naïve et classique peur du rentier écrasant les faibles dans sa débandade effrénée. Aujourd'hui, c'est le défilé sur la grande route du silence.

Que faisiez-vous en 1870 ? C'était pourtant l'époque où il aurait fallu faire quelque chose, où tu as dû faire quelque chose, misérable, ne fût-ce, comme Huysmans, que des liquidités dans un hôpital. Quand nous étions une centaine de mille dans les champs, privés de feu sous un ciel de glace, privés de pain au cœur de la France devenue la fille aînée de Gambetta, privés même de l'ennemi devant lequel on ne nous alignait jamais, nous avions le droit de nous informer, peut-être, et de demander aux bien vêtus et aux bien nourris ce qu'ils faisaient dans leurs culottes. La réponse, quelquefois, était drôle et il arriva qu'elle se perdit en gargouillements, comme le jour où nous envoyâmes dans la Mayenne le fils unique d'un notaire de Château-Gontier. Aujourd'hui, je le répète, c'est la grande route du silence. Allez demander à ceux de nos grands hommes qui ont dépassé cinquante ans ce qu'ils faisaient en 1870…

Cette date est devenue une espèce de schéma pour toutes les postures de l'ignominie contemporaine. Elle signifie toutes les lâchetés, toutes les hontes passées et à venir. La plus parfaite, c'est le silence, l'universelle fuite silencieuse qui se réalise ou se prépare. Bicyclettes et automobiles sont des précautions en vue d'une déroute infinie dont la débâcle d'il y a trente ans n'aura été qu'une modeste préfiguration, un timide pronostic aux yeux baissés. Déroute des corps ou des âmes ? Nul ne le sait. Les deux ensemble très probablement. Mais comment imaginer ce monde en fuite, ce déluge de déserteurs et d'épouvantés ?…

À la minute où j'écris ceci, meurt à deux pas de moi un très pauvre homme. J'ai essayé de le sauver, de l'amener à vouloir un prêtre. Comme il ne peut plus se faire entendre, la famille m'a parlé de ses opinions qui sont invincibles, paraît-il, et voilà que tout à coup je me suis rappelé un Lieu Commun inexplicablement oublié par moi jusqu'ici. *Les opinions* de ce moribond ! ô pitoyable Sauveur crucifié !…

Il n'y a pas beaucoup de jours, on faisait le centenaire de Victor Hugo. C'était beau, il y avait un discours d'Hanotaux et une muse du peuple et pas pour un sou d'hypocrisie. Voilà un grand homme fameusement consolé dans son endroit ! Ah ! il en avait des opinions, celui-là aussi, et c'est étonnant ce que le coup de gueule de Gabriel a dû lui servir ! On croirait vraiment qu'ils savent où ils veulent aller, tous ces imbéciles douloureux, tous ces idiots éternellement lamentables !

Pour revenir à mon mourant, c'est une unité dans la multitude, rien de plus, et j'ignore absolument où était cet homme et ce qu'il faisait en 1870. J'ignore même s'il était un homme en ce temps-là ou en aucun temps. Il me suffit de savoir qu'il est, à l'heure actuelle, — probablement pour lui la dernière — dans les trente millions de renégats recensés par la République soi-disant française et dont le cantique est d'outrager la Face de Dieu.

En commençant cette Exégèse, j'ai désiré le silence du Bourgeois, — de toute mon âme, Dieu le sait ! — considérant que ses Lieux Communs étaient une sale et hideuse manière de donner la mort. Sur le point de finir, je considère, à propos de 1870 et de l'éternelle interrogation sans réponse, que son silence n'est pas moins homicide et qu'il a tant de façons de le produire !

Un ami en danger l'implore, silence ; le Rédempteur en agonie lui demande à boire, silence ; la Mère aux Sept Épées le supplie d'avoir pitié delui-même, silence encore. Et voilà, maintenant, que c'est la France même, la France entière, la France qui a autrefois vaincu le monde, la France en sang et la France en pleurs qui crie au Bourgeois ;

— Que faisais-tu en 1870 ?

— *J'avais faim de chier*, répond à la fin Émile Zola, dans *la Terre*, sous le pseudonyme épouvantable de Jésus-Christ.

ÉPILOGUE

— Que ferez-vous, quand on vous mettra en croix ? demande Quelqu'un.

— Moi, je ferai de beaux rêves, répond ma petite Madeleine âgée de cinq ans.

ISBN : 978-1519331380